Reichel
Verlag

Das Buch

In diesem außergewöhnlichen Buch berichtet Gordon von unglaublichen Erfahrungen, die Menschen mit ihren Tiergefährten in dieser und der jenseitigen Welt gemacht haben. Das schließt bewegende Berichte von Hunden ein, die intuitiv wissen, wann ihr Besitzer nach Hause kommt, Tiere, die das Leben ihres Besitzers retteten und die beweisen, dass sie noch nach ihrem Tod bei ihren Familien sind. Gordon schildert seine eigenen Erlebnisse mit seinem Springer Spaniel „Cheeky"-Charlie, der unerwartet in sein Leben trat, es komplett durcheinanderwirbelte und ihm die Schönheit von Vertrauen, Geduld und bedingungsloser Liebe zeigte.

Mit diesen erstaunlichen Berichten zeigt Gordon, wie tief die Verbundenheit der Tiere zu ihren Familien und ihr Verständnis für die Welt ist, die sie umgibt.

Der Autor

Gordon Smith, geb. 1962 in Glasgow, Schottland, gilt in Großbritannien als das derzeit fähigste und treffsicherste Medium. Nach Jahren des Studiums arbeitet er seit über 30 Jahren medial. Er gibt öffentliche Demonstrationen seines Könnens, schreibt Bücher, organisiert Workshops und hat in seiner Arbeit rund um den Globus zahllose Menschen in ihrer geistigen Entwicklung inspiriert. Smith beeindruckt durch seine Natürlichkeit und Klarheit und plädiert für eine offene Zusammenarbeit von Wissenschaft und Spiritualität.

Gordon Smith

Wenn Tiere lieben

Die erstaunliche Intuition unserer Tiergefährten

Übersetzt von Johanna Ellsworth

E-Mail: mail@reichel-verlag.de

www.reichel-verlag.de

ISBN 978-3-946959-73-1

All den wunderbaren Tieren in diesem Buch gewidmet. Für die Freude, Liebe und Einfühlsamkeit, die sie uns schenkten, und die Dinge, die sie uns lehrten.

Sassie – ein ganz besonderes kleines Hundemädchen. Und Izzy, Chris und Nancy sollen wissen, dass sie jetzt glücklich im Himmel schläft.

Tiger – ein Kater mit einer eigenen Meinung. Und wer könnte Lassie vergessen – ein Hund, der Schönheit zu einer Kunstform machte. Rosie war eine echte Gefährtin. Die dicke Elsa, die uns immer zum Lachen brachte, und die sanfte Cindy, die meine Jungen so sehr geliebt hat.

Ein besonderer dicker Kuss geht an Miss Meg – eine Schmusebacke, die uns alle bei Laune hielt.

Alle, die über die Jahre beim »Animal Service« mitgemacht haben.

Graf Charles der Dritte von und zu Flausch – auch als CHARLIE DER FRECHDACHS bekannt. Ich wette, du stellst jetzt den Himmel auf den Kopf.

MÖGEN ALLE LEBEWESEN GLÜCKLICH SEIN.

Inhalt

Einleitung

Es scheint, als könnten wir jeden Tag eine unglaubliche Geschichte in den Medien finden, die uns über die Intuition und das Mitgefühl von Tieren staunen lässt. In diesem Buch möchte ich Ihnen ein paar der Geschichten erzählen, die ich in den vielen Jahren als Medium erlebt habe, und auch einige Fragen über Tiere beantworten. Im Grunde sind es ganz ähnliche Fragen wie die, die mir über Menschen gestellt werden. Leben die Seelen der Tiere weiter? Können sie uns durch ein Medium Zeichen senden oder etwas tun, was uns ihre Gegenwart bestätigt, wie beispielsweise ihr früheres Lieblingsspielzeug bewegen oder wie ein Hauch an uns vorbeistreifen? Werden sie da sein, um uns bei unserem Übergang willkommen zu heißen?

Zwar schaffe ich es nicht, zu jedem Haustier Verbindung aufzunehmen, aber ich kann den Leuten versichern: Die Antwort auf all diese Fragen ist ein eindeutiges »Ja!«. So wie wir Menschen können auch Tiere nicht wirklich sterben. Auch sie gehen in die geistige Welt ein. Ich kann gar nicht mehr zählen, bei wie vielen meiner Readings ein Tier neben einem Menschen saß, der vor kurzem verstorben war – sein Begleiter im Tod wie im Leben.

Für mich als Medium ist die Erfahrung, die Verbindung zu einem Tier aufzunehmen, genau dieselbe, wie wenn ich mich mit einer menschlichen Seele verbinde. Dann spüre ich eine Gegenwart, eine Persönlichkeit, die sich mir aufdrückt. Ich sehe Bilder und fühle eine reale, greifbare emotionale Verbundenheit, die auch sein Halter spürt.

Ebenso wie ich weiß, wenn eine menschliche Seele glücklich ist, fühle ich auch, wenn Hunde oder Katzen ihren Seelenfrieden gefunden haben und ihrem Menschen zeigen wollen, dass er sich nicht mehr um sein Tier zu sorgen braucht.

Tatsächlich ist die geistige Welt eine andere Bewusstseinsebene, eine hellere Ebene, auf der ein Wesen weiter und klarer als auf der Erde sehen kann. Deswegen können Tiere auf dieser Ebene immer noch wissen, was in unserem Leben geschieht, und uns genauso zur Seite stehen, wie sie es in unserer Welt taten.

Die folgende Geschichte stammt von meiner Freundin Sue, einer Tierheilerin. Sie zeigt die Magie, die entstehen kann, wenn jemand eine echte, liebevolle Verbindung zu einem Tier hat. Ich lasse sie mit ihren eigenen Worten schildern, was geschah:

Ich wurde gebeten, einem herrlichen kastanienbraunen Zuchtpferd namens Dexter Heilung zu senden. Wie seine Besitzerin Beth mir erzählte, ritt sie ihn schon seit vielen Jahren ohne Probleme, und im letzten Jahr hatte auch ihre Tochter Katy angefangen, ihn zu reiten. Dexter war ein so sanftes, zuverlässiges Pferd, dass Beth überzeugt war, Katy wäre auf seinem Rücken gut aufgehoben, und am Anfang hatten Pferd und Reiterin auch gut zusammengearbeitet. Katy hatte ihr Interesse an Dressurreiten entdeckt, und gemeinsam hatten sie ein paar Shows gewonnen. Es hatte Beth gefreut zu sehen, dass Katy wie sie selbst eine Leidenschaft für alles, was mit Pferden zu tun hat, entwickelte. Daher fiel sie aus allen Wolken, als Dexter anfing, sich seltsam zu verhalten, wenn Katy ihn ritt.
Ich bat Katy, mir zu schildern, was genau passiert war.

»Ich steige auf und wir trotten hinaus aufs Feld«, berichtete sie. »Aber nach ungefähr zehn Minuten Trab bleibt er plötzlich wie angewurzelt stehen, als wolle er keinen Schritt weitergehen. Dann bäumt er sich auf und bleibt wieder stehen;

ich steige ab und versuche, ihn dazu zu bringen, vorwärts oder seitwärts zu gehen oder ihn zu ziehen, aber er rührt sich nicht von der Stelle. Nach ein paar Minuten läuft er schließlich normal weiter. Also setze ich mich wieder auf ihn, und wir reiten wieder eine Weile. Aber dann bleibt er wieder stehen und wiederholt das Ganze. Es ist echt frustrierend.«

Beth fügte hinzu: »Wir lassen ihn regelmäßig beschlagen und seine Hufe untersuchen – das kann es also nicht sein. Auch hat der Tierarzt ihn untersucht und sagt, er könne nichts finden und glaube nicht, dass Dexter Schmerzen hätte. Ich verstehe es einfach nicht, weil ich selber ihn auch immer noch reite und keine Probleme mit ihm habe.«

Ich liebe Pferde und wollte ihnen unbedingt helfen. Also suchte ich Dexter in seinem Stall auf und ließ ihn an mir schnüffeln. Dann legte ich die Hände auf seine breiten, muskulösen Schultern und stimmte mich auf ihn ein. Alles fühlte sich ganz normal an. Sein Fell glänzte und seine Augen waren klar. Er ist ein prächtiges Pferd, und ich nahm nichts wahr, was mir den Eindruck vermittelt hätte, dass er krank sei oder Schmerzen habe. Trotzdem bat ich um Heilkräfte für ihn, weil das nicht schaden konnte.

Während ich weiter Verbindung zu ihm aufnahm, tauchte vor meinem geistigen Auge das Bild einer Vierzehnjährigen auf, die in einer Schule war. Wie mir klar wurde, war es Katy, die von anderen Mädchen in ihrem Alter gemobbt wurde. Hatte Dexter etwa ihre Angst und negativen Gefühle gespürt, während sie auf ihm saß? Dann fühlte ich, dass er mir zeigte, was er Katy durch sein merkwürdiges Verhalten sagen wollte: Durch das Stehenbleiben wollte er Katy vermitteln, dass sie nicht vor den anderen Mädchen zurückweichen sollte, und indem er sich aufbäumte, drückte er aus, dass sie sich auf die Hinterbeine stellen musste. Ich nahm auch den liebevollen Beschützerinstinkt wahr, den er für Katy und Beth hatte. Was für ein tolles Pferd! Ich ließ ihn wissen, dass ich den beiden so gut ich konnte helfen würde.

Dann bat ich Katy, Dexter aus dem Stall zu holen und aufs Feld zu bringen, wo sie mir zeigen sollte, was sie gewöhnlich tat – mit einem Unterschied. »Während du auf Dexter reitest«, sagte ich, »sollst du dich an die glücklichsten Augenblicke in deinem Leben erinnern – als du zum Beispiel an Weihnachten deine Geschenke ausgepackt oder dein erstes Pony bekommen hast. Versuche, solche Gefühle hochsteigen zu lassen. Wenn dir etwas Unangenehmes in den Sinn kommt, dann ignoriere es und konzentriere dich wieder auf die schönen Gedanken. Und ich will, dass du von jetzt an jedes Mal, wenn du mit Dexter ausreitest, nur an solche glücklichen Zeiten denkst, okay?«

»Okay«, sagte sie, »aber mit wem kann ich dann noch über meine Probleme reden? Ich habe zwar viele schöne Erinnerungen, aber die kennt Dexter längst. Was ist mit den anderen Dingen, die passieren, und was ist, wenn ich nichts Positives habe, was ich ihm erzählen kann?«

»Du redest also schon mit Dexter über alles?«, fragte ich.

»Ja, klar«, antwortete sie. »Zwar nicht immer laut – meistens nur still in Gedanken – aber dir sag ich doch alles, stimmt's, Dexter?«

Sie streichelte seinen Kopf.

Allmählich fügte sich alles zu einem Bild zusammen. Sie hatte Dexter zu ihrem Vertrauten gemacht und all ihre Probleme und negativen Gefühle auf dem armen Kerl abgeladen.

Ich sah zu, wie sie ihre Runden auf der Wiese drehten, und jedes Mal, wenn sie an mir vorbeikamen, rief ich Katy zu: »Glückliche Gedanken, Katy! Die glücklichen Gedanken nicht vergessen!«

Nach gut zwanzig Minuten erkundigte ich mich: »Läuft es heute besser?«

»Er macht es toll«, rief sie zurück. »Er ist nicht einmal stehengeblieben; er ist so wie früher!«

Als sie wieder an mir vorbeikamen, sagte ich: »Gut, Katy, kannst du jetzt bitte absteigen? Ich möchte mich kurz mit dir unterhalten.«

Wir gingen zum Haus zurück.

»Ich halte euren Dexter für ein ganz tolles Pferd«, sagte ich, »und ich weiß nicht, ob dir klar ist, was für eine einfühlsame Seele er hat. Ich glaube, woran er in den letzten Wochen gekaut hat, war die Tatsache, dass du womöglich in der Schule Probleme hast ...? Wenn ich mich nicht irre, dann solltest du vielleicht mit deiner Mutter darüber reden – was meinst du?«

Ich war nicht sicher, wie sie auf dieses schwierige Thema reagieren würde, da ich schließlich eine Fremde war. Doch sie platzte damit heraus, als könnte sie es nicht länger für sich behalten: »Das will ich ja, aber es geht nicht! Ich will meine Mutter nicht damit belasten. Schließlich sind wir nur hierhergezogen, damit ich in diese schreckliche Schule gehen kann. Aber ich hasse sie, ich hasse sie!«

Tränen stiegen ihr in die Augen. »Und keiner in der Schule kann mich leiden«, fügte sie hinzu.

»Ich bin sicher, das stimmt nicht«, sagte ich rasch.

»Und warum nicht?«, fragte sie. »Irgendwie passe ich nicht rein, und es gibt da eine Clique von Mädchen, die auf mir herumhacken.«

Ich konnte mit ihr mitfühlen. »Ich weiß, wie sich das anfühlt«, sagte ich.

»Woher wollen Sie das wissen?«, fragte sie bissig.

»Nun, auch ich war in der Schule todunglücklich«, sagte ich.

Sie sah mich erstaunt an.

»Ich war wie ein Junge«, verriet ich ihr, »und ich wollte immer nur Football spielen und mich um Tiere kümmern. Ich wollte nicht ständig über Jungs reden und nach der Schule im Einkaufszentrum rumhängen wie die meisten anderen Mädchen. Ich hatte auch das Gefühl, dass mich keiner versteht, und die anderen hänselten mich, aber irgendwann waren sie es leid, auf mir herumzuhacken, und ließen mich in Ruhe. So etwas kann passieren, wenn man nicht in die Gruppe passt oder anders ist. Aber wenn du richtig gemobbt wirst, ist das etwas anderes, und dann musst du es deiner Mutter sagen. Auf alle Fälle will sie sicher nicht, dass du in der Schule unglücklich bist, oder? Und Dexter ist darüber auch nicht gerade glücklich, stimmt's?«

»Haben Sie mich deshalb gebeten, beim Reiten nur an schöne Dinge zu denken?«

»Ja. Ich glaube, Dexter spürt deine Traurigkeit und deine Probleme in der Schule, und nachdem du mir gesagt hast, dass du ihm von deinen Problemen erzählt hast, ergibt alles einen Sinn. Er macht sich Sorgen um dich und versucht, dir auf seine eigene Weise zu sagen, dass du dich auf die Hinterbeine stellen und wehren musst.«

»Er ist mein bester Freund«, sagte sie nachdenklich, »und ich erzähle ihm immer alles. Aber von jetzt an werde ich aufpassen, was ich ihm mitteile. Ich werde versuchen, beim Reiten nur noch an glückliche Dinge zu denken. Heute hat es jedenfalls eindeutig geholfen.«

»Das ist gut«, sagte ich. »Du kannst immer noch über alles Mögliche mit ihm reden, aber vergiss nicht, dass er vielleicht versuchen wird, sich einzumischen und dir zu helfen.«

»Was für eine fürsorgliche Glucke er ist!«, sagte sie schon ein bisschen fröhlicher, und wir mussten lachen.

»Tiere sind extrem sensibel und spüren unsere Gefühle – die positiven wie auch die negativen«, erklärte ich.

Katy führte Dexter zurück in seinen Stall, und ich ging ins Haus, um mit ihrer Mutter zu reden.

Beth hatte keine Ahnung gehabt, dass ihre Tochter Probleme mit den anderen Mädchen in der Schule hatte. Sie sagte, sie würde später mit Katy darüber reden und alles in ihrer Macht tun, eine andere Schule für Katy zu finden, falls es notwendig war. Sie war erleichtert, dass ich keine gesundheitlichen Probleme bei Dexter festgestellt hatte und dass die Ursache für sein merkwürdiges Verhalten nur seine Sorge um Katy war.

»Ja, aber passt von jetzt an auf, was ihr ihm erzählt«, scherzte ich, »denn er kann kein Geheimnis für sich behalten! Zum Glück ...«

Es freute mich zwar, helfen zu können, doch ich bin überzeugt, Dexter war an diesem Tag der wahre Heiler. Tiere haben uns so viel Liebe und Weisheit zu geben – wir müssen nur offen dafür sein.

Jedes Mal, wenn ich diese Geschichte erzähle, erinnert sie mich daran, wie stark sich unsere Emotionen auf die Tiere, die uns lieben, auswirken. Ich frage mich, wie viele Leute ihre Probleme auf ihren Haustieren abladen, wenn sie allein mit ihnen sind? Diese Geschichte verdeutlicht womöglich ein bisschen, wie sich Ihr Tier fühlt, wenn Sie es mit Ihrem emotionalen Gepäck belasten. Sprechen Sie ruhig mit ihm, aber vergessen Sie nicht, dass es spüren kann, was Sie empfinden, auch wenn es Ihnen dies nicht immer spiegeln kann.

Der Fall zeigt auch, dass Sue eine hervorragende Tier-Sensitive und Heilerin ist, und Dexter beweist seine außerordentlichen Fähigkeiten, seine Gefühle durch hellseherische Bilder herüberzubringen. Es hat etwas Magisches.

Ich habe die Magie der Tiere in meinem eigenen Leben erlebt. Vor allem habe ich viele wundervolle Hunde kennengelernt und geliebt. Meine schöne Miss Meg, ein entzückender Springer-Spaniel, konnte beispielsweise mit der Nase alles erschnüffeln, was man ihr auftrug. Sogar nachdem sie im Januar 2016 von uns gegangen war, fand sie von ihrem Blickwinkel aus der geistigen Welt einen verbummelten Gegenstand für mich wieder.

Es war zwei Monate nachdem ich Meg verloren hatte. Ich ging auf dem Land, wo ich lebe, mit Cookie, meinem anderen Springer-Spaniel, spazieren. Plötzlich stolperte ich und fiel hin. Der Boden war gefroren, aber zum Glück brach ich mir nichts. Ich klopfte mir den Mantel ab und ging weiter. Als ich nach einer Weile die Hand in die Manteltasche steckte, merkte ich, dass ich meinen Schlüsselbund, an dem auch der elektrische Toröffner hängt, verloren hatte.

Ich rief Cookie, der weit vor mir lief, und ging die Strecke zurück, um die Schlüssel zu suchen, die sicher noch an der Stelle lagen, an der ich gestürzt war. Zwar fand ich die Stelle schnell wieder, da einige lange Gräser zerdrückt waren, doch die Schlüssel konnte ich nirgendwo entdecken. Nach zehn Minuten gab ich die Suche auf, weil es draußen immer kälter wurde, doch ich markierte die Stelle, um am nächsten Tag weiterzusuchen.

Ich lief täglich den Weg ab und wusste, dass kein anderer ihn nutzte. Daher war ich sicher, die Schlüssel doch noch zu finden. Das Ärgerliche war, dass ich nur zwei elektrische Toröffner besaß, von dem einer jetzt verschwunden war, und diese Art von Toröffner wurde nicht mehr hergestellt. Wenn ich den Schlüsselbund also nicht fand, müsste ich das ganze Schließsystem austauschen, was ein teurer Spaß wäre.

Jeden Tag suchte ich die Stelle ab, an der ich hingefallen war. Ich zog und zerrte das Gras und Unkraut in alle Richtungen, aber ich fand nichts. Es dauerte nicht lange, bis ich daran dachte, die Schließanlage auszutauschen, denn wenn der einzige noch verbliebene Toröffner den Geist aufgab, hätte ich ein Problem.

Rund einen Monat später schlug einer meiner Söhne vor, Cookie am anderen Toröffner riechen zu lassen und dann auf die Suche nach dem verlorenen Toröffner zu schicken. Das führte jedoch zu nichts, denn Cookie war als Suchhund ein hoffnungsloser Fall. Immer wenn ich ihn nach etwas suchen ließ, jagte er nur den Fasanen und Moorhühnern im Sumpf hinterher.

Als letzten Versuch wandte ich mich an meinen Freund Robbie, der mich an diesem Vormittag auf meinem Spaziergang begleitete, und sagte: »Also gut, dann müssen wir halt Miss Meg darum bitten, den Schlüsselbund zu finden.«

Lachend stapften wir weiter durchs Gelände und stiegen einen Hügel hinauf. Es war der Hügel, auf dem meine Familie und ich die Asche unserer geliebten Meg verstreut hatten.

Als wir uns diesem schönen Fleckchen näherten, sahen wir plötzlich mein Schlüsselbund an einem hochgewachsenen Unkrautbüschel hängen. Er befand sich weit weg von der Unfallstelle – ungefähr fünfhundert Meter weiter den Hang hinauf – und wir hatten keine Ahnung, wie er dorthin gekommen war. Wenn jemand die Schlüssel gefunden hätte, hätte er sie wohl eher an einen Zaunpfosten gehängt und nicht an ein Unkrautbüschel. Außerdem war in letzter Zeit keiner hier entlanggekommen, denn nur unsere eigenen Fußstapfen bildeten einen schmalen Pfad im hohen Gras.

Es gab nur eine Erklärung: Wir mussten laut lachen und bedankten uns bei der tollen Miss Meg! Was andere von der Geschichte halten mögen, ist mir egal. Ich bin sicher, meine Prinzessin Meg hat uns auf wundersame Weise an die Stelle geführt, an der meine Schlüssel lagen.

Auch Cookie ließ es sich an diesem Morgen nicht nehmen, etwas zu finden, was er uns stolz anschleppte. Es war der angefressene, verwesende Kadaver eines Fasanen. Na ja, vielleicht kann man einem alten Hund doch noch neue Tricks beibringen …

Tiere machen die Welt für uns Tierfreunde umso faszinierender und schöner. Ich bin überzeugt, das tiefere Bewusstsein unserer Haustiere hat etwas Magisches, mit dem wir uns noch vertrauter machen können. Es gibt an unseren erstaunlichen Tieren und ihrem Zauber noch so vieles zu entdecken.

Kapitel 1

Meine Tiere und der Rest der Familie

Auch wenn ich die ersten vierzehn Lebensjahre in einem Haus mit Terrasse in Springburn im Norden Glasgows verbrachte, wuchs ich trotzdem auf dem Land auf. Wir wohnten zwar in einer ganz gewöhnlichen Arbeitersiedlung, doch ich brauchte nur zehn Minuten, um zum Park zu gehen. Er war riesig, voller Wiesen und Waldstücke und Teiche, in denen sich alle möglichen Vögel wie beispielsweise Seetaucher, Enten und Schwäne tummelten.

Wenn man zwanzig Minuten weiterging, kam man nach Torrance. Dort befand sich am Fuß einer Hügelkette ein Sumpfgebiet, das sich immer mehr in eine Heide verwandelte, je höher man stieg. Das Heidegebiet war mit Erika und gelb blühenden, dornigen Ginsterbüschen übersät. Früher nannte ich dieses Gebiet »die Fasanenfelder«, weil sich dort so viele dieser prächtigen rotbraunen Vögel tummelten. Es war ein Paradies. Ich verbrachte oft viele Stunden mit meinen Freunden oder Geschwistern dort. Unsere Mutter schickte uns mit dem Befehl, zu spielen und keine Dummheiten anzustellen, vor die Tür, und dann gingen wir schnurstracks zu den Fasanenfeldern. Die Felder wurden nicht bewirtschaftet, und je höher man stieg, desto näher kam man den Campsie Hügeln, die noch dichter mit Wildtieren besiedelt waren. Sie waren der magischste Spielplatz, den man sich vorstellen kann.

Was wir dort taten? Nach meiner Erinnerung beobachteten wir im Grunde nur wie verzaubert die Natur, die sich vor unseren Augen auftat. Oft war es schon längst dunkel, als wir uns daran erinnerten, wieder nach Hause zu gehen. Die Dämmerung war der einzige Hinweis darauf, dass es Zeit fürs Abendessen war!

Wir gingen zahllose Stunden auf Entdeckungstour. In kurzer Zeit hatte ich mir ein umfangreiches Wissen über Wildtiere und Vögel angeeignet, einfach nur, weil ich dort dem bunten Treiben zusehen konnte – eine Blaumeise, die Zweig um Zweig ein Nest baute, ein fröhlich trillernder Zaunkönig oder ein Specht, der gegen einen Baumstamm klopfte. Es war faszinierend zu beobachten, wie sich ein Vogel tarnt oder sein Gebiet verteidigt, und es brachte mich zum Nachdenken. Wenn man heute etwas wissen möchte, kann man es einfach googeln, aber das ist kein Vergleich zu der Erfahrung, dabei zu sein und zuzusehen, wie sich die Natur entfaltet. Wir konnten eine Vogelfamilie vom Turteln der Eltern bis zum Nestbau, dem Schlüpfen der Küken und den ersten Flugversuchen ihrer Babys beobachten. Einmal sahen wir zu, wie Brachvogelküken aus ihren Eiern schlüpften. Damals war ich ungefähr zwölf. Ein Elternteil lief auf dem Boden und tat so, als hätte er sich den Flügel gebrochen – das tun diese Vögel, um Raubtiere von ihren Küken abzulenken. Wir mussten nicht lange suchen, bis wir das Nest und die gesprenkelten Eier entdeckten, aus denen die dünnen, langen Schnäbel schon herausragten. Bald darauf purzelten die flauschigen grauschwarzen Küken heraus. Sobald alle Küken geschlüpft waren, stoben sie in alle Richtungen auseinander, um Deckung zu nehmen.

Am aufregendsten war es zu sehen, wie ein Sperber oder eine Kornweihe hoch oben über dem Sumpfgebiet kreiste, bereit, sich auf ein armes kleines Beutetier zu stürzen. Und ich liebte es, mich so weit wie möglich einem Reh zu nähern, ohne dass es zusammenschrak oder wegrannte – ich fand heraus, dass das Tier keine Angst vor mir bekam, wenn ich den Kopf senkte und es nicht »konfrontierte«. Ich las auch Bücher über meine Beobachtungen in der Natur und war stolz darauf, im Alter von zwölf Jahren den lateinischen Begriff für jede englische Vogelart zu kennen.

Für uns Kinder war es am allerschönsten, draußen in der Natur zu sein. Wir langweilten uns nie. Manchmal fuhren wir mit dem Bus aufs freie Land oder besuchten einen See. Hin und wieder retteten wir kleine Wildtiere oder mutterlose Vogelküken und brachten sie mit nach Hause, um sie aufzupäppeln und zu zähmen. Leider konnte meine Mutter Tiere nicht ausstehen. Als kleines Mädchen war sie von einer Katze angegriffen worden, und das hatte sie nie verwunden. Außerdem fand sie als Mutter von sieben Kindern und dazu noch vier jüngeren Geschwistern, um die sie sich kümmern musste, dass ein Haustier noch mehr Arbeit bedeutete, obwohl der Tag schon kurz genug war. Daher durften wir kein Haustier halten. Sie ging jedoch nie in die Ecke hinten im Garten, in der wir eine Hütte gebaut hatten. Und so richteten wir ungestört in dieser Hütte eine Tierklinik ein.

Sie war die Attraktion der Nachbarschaft. Alle Kinder in unserer Straße wussten, dass unsere Mutter etwas gegen Haustiere hatte. Wenn sie an die Haustür klopften und meine Mutter sie fragte, wen sie besuchen wollten, nannten sie ihr einen von uns, und dann schickte sie die Kinder in unseren Garten.

In der Hütte und den selbstgebauten Schuppen und Verschlägen hielten wir alle möglichen Kreaturen: eine Seemöwe mit einem gebrochenen Flügel, ein Kaninchen, das wir schon als Baby übernommen hatten, ein Frettchen, das wir geschenkt bekommen hatten, weil sein Besitzer es nicht mehr wollte, Elstern, die aus dem Nest gefallen waren, einen Igel, eine obdachlose Schildkröte … Für einen Bewohner gruben wir sogar einen Teich aus – es war ein Barsch, der später von der Seemöwe gefressen wurde. Einer unserer längsten Untermieter war ein Kater namens Tiger, den wir sogar ins Haus schmuggelten, wenn Mutter beim Einkaufen oder bei den Nachbarn war.

Mein Vater liebte Tiere, und von ihm erbten wir unsere Tierliebe. Er wusste von unserer Tierklinik und schaute weg, als wir Tiger ins Haus holten. Tiger wusste sowieso über Mutter Bescheid – sobald sie sich unserem Haus näherte, schoss er zur Hintertür hinaus, und dann wussten wir alle, dass sie im Anmarsch war!

Am Ende brachte ein Hund das Herz meiner Mutter zum Schmelzen. Ich bin nicht sicher, ob wir Lassie fanden oder sie uns, aber sie war von Anfang an ein ganz besonderer Hund. Ein ganzer Trupp von uns nahm eines Tages den Bus von Springburn nach Lumloch, um herumzuschlendern und die Wildtiere zu beobachten. Damals war ich wohl zehn. Plötzlich tauchte ein prächtiger Setter mit langem, seidigem, rotbraunem Fell und braunen Augen aus dem Nichts auf. Die Hündin trottete neben uns her, als sei es das Selbstverständlichste auf der Welt. Wir warfen Stöckchen, die sie apportierte, und schenkten ihr viel Beachtung. Sie sah aus wie ein reinrassiger Zuchthund, nicht wie ein typischer Mischling, und so gingen wir davon aus, dass sie nur ihre Besitzer beim Gassigehen aus den Augen verloren hatte oder in der Nähe lebte und sich einen kleinen Ausflug gönnte. Am Ende des Tages würde sie sicher wieder nach Hause trotten.

Am Ende des Tages standen wir an der Haltestelle und warteten auf den Bus, aber die Hündin wich nicht von unserer Seite. »Los, Mädchen, Zeit, nach Hause zu gehen« – aber nein, sie rührte sich nicht von der Stelle, sondern wedelte mit dem Schwanz, als wäre alles nur ein Spiel. Wir schwenkten die Arme und versuchten, sie zu verscheuchen, aber sie lief trotzdem nicht weg. Sie hatte es vor allem auf mich abgesehen und wich mir nicht von der Seite. Als es anfing zu dämmern, kam unser Bus – ein altmodischer Routemaster mit einer offenen Plattform hinten. Wir stiegen ein und ließen den Setter zurück. Dachten wir zumindest. Als wir auf dem oberen Deck saßen, tauchte der Kopf der Hündin am Geländer auf. Sie sah uns mit gespitzten Ohren und heraushängender Zunge an, als wollte sie sagen: »Da seid ihr ja!«

Wir beschlossen, sie mitzunehmen, wenn sie unbedingt mitkommen wollte. Zu Hause würden wir die entlaufene Hündin der Polizei melden. Auf dem Weg von der Haltestelle nach Hause trottete sie zufrieden hinter uns her und begrüßte meinen Vater wie einen alten Freund. Auch wenn sie ihm gefiel, sagte er, wir müssten der Polizei melden, dass wir sie gefunden hatten. »Sie sieht für einen Streuner zu gepflegt aus. Ich glaube, ihre Besitzer vermissen sie.« Er rief auf der Wache an und ließ die Beamten wissen, dass Lassie bei uns war. Sie versprachen, die Meldung weiterzuleiten und sich zu erkundigen, ob jemand eine entlaufene rotbraune Setterhündin gemeldet hatte. Jedenfalls sagte er uns das. Heute hege ich den leisen Verdacht, er wollte vielleicht so sehr einen Hund, dass er die Polizei gar nicht angerufen hat!

Auf alle Fälle meldete sich am nächsten Tag niemand von der Polizeiwache bei uns. Auch in den nächsten zwei Wochen rief niemand an. Bald war ein ganzer Monat verstrichen, und immer noch hatte niemand Lassie – wie wir sie getauft hatten – als vermisst gemeldet. Zu diesem Zeitpunkt war sie noch im Garten untergebracht und schlief in der Hütte, und unsere Mutter drohte, sie wegzugeben, wenn sich ihre Besitzer nicht bald meldeten.

Lassie hatte mich zu ihrem Lieblingsmenschen im Haus auserkoren, und nachts schlich sie sich ins Haus, kam in mein Zimmer, kroch unter meine Decke und schlief in meinem Bett. Am liebsten lag sie mit gestreckten Beinen an der Wand, so dass sie den meisten Platz einnahm und mich fast aus dem Bett verdrängte. Manchmal kam meine Mutter ins Zimmer, um nach mir zu sehen, und erwischte sie in meinem Bett. Dann schickte sie Lassie nach draußen, was der Hündin jedoch nicht allzu viel auszumachen schien. Sie war so gutmütig, dass sie einem nichts übelnahm.

Sie war ein wunderschöner Hund mit der Eleganz des rotbraunen Setters und einem äußerst liebenswürdigen Gemüt. Am Ende erlaubte meine Mutter ihr, im Haus zu bleiben, und eines Tages streichelte sie sie sogar. Uns allen war klar, welche Überwindung sie das gekostet hatte. Mutter scherzte sogar, Lassie sei die Wiedergeburt ihres Vaters, der vor seinem Tod in dem Zimmer geschlafen hatte, das jetzt mein Zimmer war. Auch er hatte rotes Haar gehabt, und genauso wie er keuchte und schnaubte Lassie im Schlaf. Sie lehrte meine Mutter die Liebe zu einem Tier.

Lassie liebte nicht nur uns Menschen, sondern verstreute ihre Liebe unter sämtlichen Streunern der Nachbarschaft und hatte einen Mischlingswurf nach dem anderen. Wir fanden jedoch für all ihre Welpen ein gutes Zuhause. Wir nahmen sie mit auf die Fasanenfelder und die Hochmoore, und sie liebte es, in das Flüsschen Kelvin zu springen und den Schwänen hinterherzuschwimmen.

Als ich vierzehn war, zogen wir leider aus dem Haus in eine Wohnung um, die näher am Stadtzentrum in The Gorbals war, wo meine Mutter, mein Vater und zwei meiner Brüder arbeiteten. Wir konnten weder Lassie noch die anderen Haustiere aus unserer Tierklinik mitnehmen. Einer meiner älteren Brüder, der in einem Haus im Vorort wohnte, nahm Lassie zu sich. Doch er konnte sie nicht bei sich behalten, und so zog sie irgendwann auf die Farm nebenan, wo sie auf den Wiesen herumtollen konnte. Ich besuchte sie, so oft ich konnte.

Als ich achtzehn war, wachte ich eines Morgens mit tränenüberströmtem Gesicht auf. Ich wurde von einem Gefühl der Leere überwältigt und mir war, als würde etwas fehlen. Damals hatte ich schon sehr deutliche Vorahnungen über Dinge, die sich später als wahr herausstellten. Das Gefühl des Verlusts verband ich automatisch mit Lassie, und so überraschte es mich nicht, als mein Bruder an diesem Tag anrief und meiner Mutter sagte, dass Lassie plötzlich erkrankt war und eingeschläfert werden musste. Ich war am Boden zerstört.

Erst nach meiner Hochzeit mit Katie und der Geburt unserer beiden Söhne Steven und Paul hatte ich wieder einen Hund. Unser erster Hund war ein Springer Spaniel, den wir nur einen Tag behielten, weil er zu temperamentvoll für kleine Kinder war. Dann schafften wir uns eine große, langhaarige schwarze Colliehündin aus dem Tierheim an, die wir Cindy nannten. Sie verhielt sich den Jungen gegenüber vorbildlich – sie hätten alles mit ihr machen können, ohne dass sie sich wehrte. Cindy hatte ein goldenes Herz. Sie schloss sich mehr Katie an, und daher blieb Cindy nach unserer Trennung bei ihr. Cindy starb, als die Jungen ihren Schulabschluss machten.

Mein nächster Hund war Elsa, die mein Partner Jim und ich von seiner Mutter geerbt hatten. Elsa war eine dicke alte blonde Labradorhündin mit Hüftproblemen, die keine langen Spaziergänge mehr brauchte und zufrieden damit war, mit einem Ball im Maul zu Hause ein Nickerchen zu machen, während wir auf der Arbeit waren. Damals wohnten wir in einer Souterrainwohnung in der Spiritistenkirche und arbeiteten mit der Gemeinschaft, die sich dort traf.

Eines Abends – genauer gesagt, am 8. Dezember 1995 – saßen wir wieder einmal im Entwicklungskreis in der spiritistischen Kirche. Eine Gruppe von uns traf sich dort regelmäßig, um zu meditieren und den Kopf freizubekommen, damit wir für die geistige Welt offen waren. Meine Bekannte Dronma, eine tibetanische Buddhistin und sensitive

Künstlerin, war auch anwesend. Sie zeichnete einige der Seelen, die an diesem Abend Verbindung zu uns aufnahmen. Als wir die Meditation beendet hatten und gerade über das sprachen, was wir erlebt hatten, zeigte Dronma uns ihre Zeichnungen. Normalerweise fertigte sie in einer Sitzung sieben oder acht Zeichnungen an, und oft konnte man deutlich erkennen, dass sie einen verstorbenen Verwandten oder anderen Menschen darstellten, der einem Gruppenmitglied nahegestanden hatte. Manchmal erkannte niemand das Gesicht. Dann datierte und unterzeichnete Dronma die Zeichnung für den Fall, dass sich ihre Bedeutung zu einem späteren Zeitpunkt offenbarte. Man konnte davon ausgehen, dass es Vorhersagen waren, die irgendwann später einen Sinn ergeben würden. An diesem Abend drehte sie ein Blatt um und zeigte uns die Zeichnung eines jungen Springer Spaniels, der vor einer Haustür saß.

»Ich habe keine Ahnung, warum ich das gezeichnet habe«, sagte sie. »Ich glaube nicht, dass es ein Hund aus der geistigen Welt ist. Seht, wovor der Hund sitzt: Das ist deine Wohnungstür, Gordon.«

Ich wunderte mich zwar, aber sie hatte recht – die Tür sah wirklich aus wie meine Wohnungstür. Wir alle bewunderten die fein detaillierte Zeichnung: Der Welpe hatte eine gesprenkelte weiße Brust und einen geschwungenen weißen Streifen auf der Schnauze.

»Behalte ihn im Gedächtnis«, sagte Dronma. »Es ist zwar nur eine Zeichnung, aber sein Halsband ist blau und das kleine Plastikfass an seinem Halsband ist rot.« Dann datierte sie das Blatt.

Ich machte mir keine weiteren Gedanken darüber, weil wir uns keinen neuen Hund zulegen wollten. In der Wohnung war kein Platz, und außerdem hatten wir keine Zeit für einen Hund, weil wir beide arbeiteten. Das Letzte, was wir jetzt brauchen konnten, war ein lebhafter Springer-Spaniel-Welpe, mit dem wir jeden Tag mehrere Gassi-Runden im Park drehen müssten. Dronma faltete die Zeichnung zusammen und verstaute sie in ihrem Skizzenbuch. Dann gingen wir alle Tee trinken und Sandwiches essen.

Neun Monate später rief mich meine Bekannte June an, die hellsehend ist. Wir tauschen uns regelmäßig aus. Nach ein paar Minuten Smalltalk wechselte sie plötzlich das Thema und sagte: »Jemand wird dir einen jungen Hund anbieten. Er hat ein sehr hübsches Gesicht und lange Schlappohren, ein ganz Süßer. Du wirst dich auf den ersten Blick in ihn verlieben. Wie mir meine Freunde in der geistigen Welt gesagt haben, musst du diesen Hund adoptieren. Du darfst ihn nicht ablehnen, weil er dringend ein Zuhause braucht. Er wurde misshandelt und braucht dich.« Sie berichtete, dass Albert Best – ein geniales Medium aus Glasgow, der für mich eine Art Mentor gewesen war – ihr gesagt habe, dass dieser Hund für mich bestimmt sei.

Dennoch nahm ich ihre Worte nicht ernst. »Also dann müssen sie ein anderes Zuhause für ihn finden, weil ich mir zurzeit unmöglich einen Hund anschaffen kann, egal, was Albert sagt.« In diesem Augenblick dachte ich noch nicht an den Hund auf Dronmas Zeichnung.

June drängte mich nicht weiter, sondern sagte nur: »Nun ja, mein Lieber, das hat er mir gesagt.« Und dabei beließen wir es.

Eine Woche verging. Dann hielt ich in einem spiritistischen Seminar einen Vortrag. Am Ende kam eine alte Dame auf mich zu und fragte, ob ich jemanden kennen würde, der einen Hund adoptieren könnte. Aufgeregt berichtete sie: »Wenn keiner den Hund nimmt, muss er wieder ins Tierheim. Er gehört den Nachbarn über mir, die den ganzen Tag auf der Arbeit sind. Deswegen schließen sie ihn in einen Schrank ein. Er ist direkt über dem Schrank in meiner Wohnung, und ich kann sein Jaulen hören. Ich halte es nicht aus, und deswegen biete ich den Nachbarn immer wieder an, mich tagsüber um ihn zu kümmern, aber dann rennt er voller Panik in meiner Wohnung herum und macht überall hin. Ich bin zu alt dafür, aber ich kann die Vorstellung, dass der arme Kleine wieder ins Tierheim muss, nicht ertragen. Er wurde schon dreimal vermittelt, und ich bin sicher, das nächste Mal werden sie ihn einschläfern. Er ist noch nicht mal ein Jahr alt und hat schon so viel Schlechtes erlebt.«

Ich sagte ihr sanft, dass wir ihn nicht nehmen könnten, weil ich an unsere kleine Souterrainwohnung dachte und daran, dass wir den ganzen Tag im Friseursalon arbeiteten.

Niedergeschlagen drehte sie sich um, um wegzugehen. Da fiel mir das Telefongespräch mit June wieder ein, und ich rief ihr nach: »Warten Sie! Ist der Hund zufällig ein Spaniel?«

Sie drehte sich erstaunt um. »Ja.«

»Könnte ich vorbeikommen und ihn mir ansehen? Wenn er gutmütig ist, kann ich ihn vielleicht doch nehmen, aber wir haben eigentlich nicht die Zeit, uns um einen Problemhund zu kümmern. Wenn Sie mir Ihre Telefonnummer geben, rede ich mit Jim.«

Ich ging in unsere Wohnung hinunter. »Kannst du dich noch an die Botschaft wegen eines Hundes erinnern, die mir June überbracht hat? Eine Frau hat mich gerade gefragt, ob wir einen Spaniel aufnehmen können. Ich glaube, wir sollten ihn uns wenigstens mal ansehen. Er ist zwar nicht ganz einfach zu handeln, aber das hat Albert June ja gesagt.«

Jim war von der Idee nicht gerade begeistert, da er mit einem Springer Spaniel aufgewachsen war und wusste, wie anstrengend sie sein können. Trotzdem sagte er, wir könnten uns den Hund mal ansehen. Noch am selben Abend rief ich die alte Dame an und verabredete mit ihr, dass wir am nächsten Montag vorbeikommen würden.

Als wir ihre Wohnung betraten, lernten wir einen Springer Spaniel kennen, der zwar kein Welpe mehr war, aber noch ein sehr junger Hund mit langen braunen Schlappohren, einer weißen Brust mit vielen Tupfen, einem blauen Halsband, an dem ein kleines rotes Plastikfass hing, und einem langen Schwanz, der ununterbrochen wedelte. Wir setzten uns, um Tee zu trinken und ihn näher kennenzulernen. Er sprang aufs Sofa und kuschelte sich in Jims Schoß. Dann kletterte er an Jim hoch und wickelte sich wie ein Pelzkragen um seine Schultern. Er war zwar ziemlich groß dafür, aber irgendwie spürte er, dass er Jim überzeugen musste, und hängte sich wie ein Welpe an ihn.

Da gewann er Jims Herz, und ich verliebte mich auch in ihn, und das war's. Wir konnten ihn unmöglich dalassen. So ein lieber Hund würde uns doch sicher keine großen Probleme machen, oder? Also setzten wir ihn ins Auto und verabschiedeten uns von der alten Dame, die überglücklich war, dass der Hund jetzt ein sicheres Zuhause hatte. Im Auto lief er unruhig auf dem Rücksitz hin und her und schaute aus dem Fenster, während sein Schwanz wie ein Turbomotor surrte. »Alles wird gut«, beruhigte ich ihn. »Du bekommst ein gutes Zuhause.«

Innerhalb von zwei Minuten nach unserer Ankunft hatte er auf den Boden gepinkelt, war auf die arme alte Elsa geklettert, die keine Ahnung hatte, was los war, und rannte nun von einem Zimmer ins nächste, wo er alle möglichen Gegenstände packte, schüttelte und in die Luft warf.

Jim sah mich an. »Wir können den Hund auf keinen Fall behalten. Er hat einen an der Klatsche.«

Ich war gerade damit beschäftigt, Charlie davon abzuhalten, die Laken vom Bett zu zerren. »Ach, er braucht bloß ein bisschen Zeit, um runterzukommen! In ein paar Tagen wird er zur Ruhe kommen.«

»Das hier mehrere Tage?«

»Albert Best«, dachte ich, während ich nach einem Zipfel des Kopfkissens griff, das der Spaniel gerade zerfetzte, »findest du das witzig?«

Das Witzige war, dass Charlie – alias Frechdachs Charlie – tatsächlich von Anfang an unser Hund war. Einen Monat nachdem wir ihn mit nach Hause gebracht hatten, kamen seinen Papiere. Als ich sie durchsah, fiel mir sein Geburtsdatum auf: der 8. Dezember 1995 – der Tag, an dem Dronma den kleinen Spaniel mit der getupften Brust und dem blauen Halsband mit dem roten Fässchen gezeichnet hatte, der vor unserer Wohnungstür saß. Wir brachten ihn dazu, sich vor die Tür zu setzen, und machten ein Foto von ihm. Als wir beide Bilder verglichen, staunten wir, wie sehr sie sich glichen – selbst die braunen Flecken auf seiner Brust waren an den gleichen Stellen, und der geschwungene Streifen auf seiner Schnauze hatte dieselbe Form.

In einem Märchen hätte Charlie nun glücklich und zufrieden bis an sein Ende bei uns gelebt. Eine glückliche Fügung. Er war eindeutig für uns bestimmt, aber wer auch immer uns den armen Charlie geschickt hatte, wollte, dass wir von dieser fremden, ungestümen und extrem gestörten Hundepersönlichkeit etwas lernten. Es war eine echte Aufgabe, die unsere Geduld und unser Mitgefühl an ihre Grenzen brachten.

Von Anfang an war Charlie eine große Herausforderung. Er war nicht »einfach nur ein Hund« – was auch immer das sein mag. Nein, er war etwas ganz Besonderes, und gleichzeitig war er schwierig. Er hatte in neun Monaten drei verschiedene Halter gehabt, und es zeigte sich immer deutlicher, dass er sehr schlechte Erfahrungen mit ihnen gemacht hatte. Wir vermuten, dass sein erster Besitzer ihn misshandelt und ihn mit brennenden Zigaretten gequält hatte, und dass er zu dem Zeitpunkt, an dem der Tierschutz eingegriffen hatte, ein verängstigter und aggressiver Hund geworden war. Seine zweiten Besitzer hatten nicht gewusst, wie sie mit ihm umgehen sollten. Wer weiß, was sie ihm angetan haben, als sie versuchten, ihn zu erziehen und ihm die Angst zu nehmen?

Wie auch immer – die nächsten drei Jahre wurden zu einem langen Kampf. Wie ich wusste, war Jim sehr auf ein gepflegtes Heim bedacht und hätte nicht zu viel Unordnung und zu große Schäden hingenommen, daher musste ich Charlies gröbste Verstöße vor meinem Partner verbergen. Es dauerte nicht lange, bis ich mein ganzes Leben umstellen musste, da der Hund alles auf den Kopf stellte.

Er besaß sämtliche negativen Eigenschaften eines männlichen Springer Spaniels. Diese Rasse ist für ihre Energie und Intelligenz bekannt, und Charlie schaffte es, das Schlechteste aus diesen beiden Eigenschaften herauszuholen. Er kaute an allem – unseren Schuhen und Möbeln, Türen und Teppichen – und ich konnte die Spuren nicht vor Jim verstecken. Die Objekte seiner Zerstörungswut – darunter auch Geldscheine – waren unglaublich und ließen sich nicht mehr reparieren. Man durfte nichts offen liegenlassen. Ich hatte Steven und Paul ein Vampirspiel gekauft, das sie über alles liebten, doch Charlie knabberte ein Loch mitten ins kartonierte Handbuch und zerkaute alle Spielkarten.

Das erste Mal, als wir ihn alleine zu Hause ließen, pinkelte er in unserer Abwesenheit aufs Bett und zerfetzte die Kissen. Immer wenn wir vom Einkaufen oder einem Abend ohne ihn zurückkamen, mussten wir uns auf die nächste unangenehme Überraschung gefasst machen.

Ich änderte meine Arbeitszeit auf vormittags, während Jim nachmittags arbeitete. Wir standen früh auf und machten vor der Arbeit einen langen Spaziergang im Park mit ihm, damit er sich ein wenig austoben konnte, und wir baten Freunde, vorbeizuschauen und ihn zu füttern oder mit ihm eine kurze Runde zu drehen, während wir auf der Arbeit waren. Immer wieder riefen sie mich an und sagten: »O Gott, du solltest sehen, wie eure Wohnung aussieht«, und ich musste sie bitten, Jim nichts davon zu sagen.

Sobald ich mit meinem letzten Kunden fertig war, raste ich nach Hause, riss die Tür auf und begutachtete den Schaden. Einmal in der Woche kam eine Haushaltshilfe vorbei, die unsere Sachen bügelte, und hinterher zog Charlie die frischgebügelten Laken und Hemden aus dem Wäschekorb, zerrte sie durch die Wohnung und wälzte sich darin. Meine Aufgabe war es, die Hundehaare von den Wäschestücken zu zupfen und sie nochmals zu bügeln, bevor Jim nach Hause kam, die Betttücher, die Charlie markiert hatte, in die Waschmaschine zu stopfen und das Bett frisch zu beziehen.

Einmal kam ich nach Hause und konnte noch nicht mal die Wohnungstür öffnen. Drinnen hörte ich Charlie bellen, doch irgendetwas versperrte die Tür. Ich versuchte, sie mit der Schulter aufzudrücken, aber sie ging nur einen Spalt weit auf. Ich fragte mich, was zum Teufel passiert war, während ich mich mit aller Kraft gegen die Tür warf, so dass sie fast aus den Scharnieren sprang. Doch am Ende musste ich aufgeben und die Hintertür nehmen. Die Hintertür klemmte, als ich sie öffnete, und ich konnte sehen, dass Charlie es geschafft hatte, das Türblatt bis auf die Füllung zu zerkratzen – hätte er sich noch ein wenig mehr angestrengt, wäre er auch durch die Außenwand der Tür gebrochen und herrenlos auf den Straßen herumgestreunt.

Überall auf dem Wohnzimmerboden lagen Kleidungsstücke verstreut, und es roch nach frischem Hundeurin. Dann entdeckte ich, was mit der Wohnungstür geschehen war. Charlie hatte den Teppichboden mitsamt Nägeln herausgerissen, zusammengerollt und wie einen Baumstamm vor die Tür geschoben. Das ließ sich nicht vor Jim verbergen.

Ein anderes Mal schenkte mir Jim Harley-Davidson-Stiefel zum Geburtstag. Sie waren ziemlich teuer, wenn man bedachte, was wir uns damals leisten konnten, und ich ließ sie über Nacht im Schuhkarton im Wohnzimmer stehen, ohne sie überhaupt anzuprobieren. Am nächsten Morgen war der Deckel etwas verrückt, aber noch auf dem Karton. »Ach, Charlie hat sie nicht angerührt«, dachte ich, »sonst würde der Deckel jetzt in der hintersten Ecke liegen.« Doch als ich den Deckel lupfte, waren die Stiefel zwar noch in Seidenpapier eingewickelt, aber Charlie hatte seine Schnauze in die Schachtel gesteckt und die Laschen abgekaut. Wie sollte ich das Jim beichten? Die Schuhe hatten ein Vermögen gekostet. Ich klebte die Laschen mit Sofortkleber wieder an, so gut ich konnte, und trug sie nur unter Jeans, so dass die Schäfte zugedeckt waren. Jim hat es nie bemerkt, aber ein paar Monate später erzählte ich es ihm.

»Wenn ich den Hund zu fassen gekriegt hätte …«, sagte er.

»Aus dem Grund habe ich es dir nicht gesagt!«

Einmal schenkte ich Jims Schwester zu Weihnachten eine teure Pralinenschachtel, die ungefähr eine Woche lang mit allen anderen hübsch verpackten Geschenken unter dem Christbaum gelegen hatte. Sie hob den Deckel hoch, um sie herumzureichen, und sagte zu mir: »Ha, ha, wie witzig!« In der Schachtel war kein einziges Stück Konfekt. Irgendwann in der Woche hatte Charlie die Schachtel mit der Schnauze geöffnet, die Schokoladen herausgepult und die Schachtel dann so zurückgelassen, dass sie unberührt aussah. Jetzt kauerte er mit eingezogenem Schwanz hinter dem Weihnachtsbaum. Er wusste, dass er in seine Hundehütte verbannt würde!

Es kostete uns viel Überwindung, Charlie zu lieben. Er war jedoch sehr klug und scharfsinnig, und sein Verhalten zeigte deutlich, dass er es bisher schwer im Leben gehabt hatte. Frauen machten ihm keine Angst, aber wenn sich ein Mann über ihn beugte, wurde er aggressiv, knurrte und schnappte. Jim übernahm die Rolle des Alphahundes und forderte ihn heraus, indem er ihm einen Klaps mit den Fingern gab, wenn Charlie knurrte oder schnappte. Ich hatte eine andere Einstellung dazu. Hier war ein Hund, der von Menschen noch nie etwas anderes als Gewalt erlebt hatte – eine brennende Zigarette, ein Tritt in die Rippen. Er hatte noch nie Mitgefühl erfahren, und wie bei jedem anderen fühlenden Lebewesen, das noch nie geliebt wurde, nahm seine Persönlichkeit schweren Schaden. Ich beschloss, ihm zu zeigen, dass Menschen nicht seine Feinde waren und er nicht mit uns darum kämpfen musste, wer der Stärkere war. Er musste uns vertrauen. Daher tat ich etwas, was kein Hundeflüsterer empfehlen würde: Ich ließ Charlie Alphahund sein. Ich legte mich auf den Boden und erlaubte ihm, sich über mich zu stellen, so dass ich nicht mehr aufstehen konnte. Er knurrte wie ein Tiger, während seine Schnauze meine Nase berührte, aber er hat mich nie gebissen.

Ich habe ihn nur zwei Mal wirklich aggressiv erlebt. Das eine Mal verbellte Charlie einen Drogenabhängigen, der in die Kirche gewankt war. Charlie schien zu spüren, dass der Mann anders war als die Leute, die sonst in die Kirche kamen. Das andere Mal vergraulte er einen Mann, der vielen Leuten suspekt war. Charlie ließ ihn noch nicht mal das Gebäude betreten. Im Grunde sehnte er sich jedoch nur nach menschlicher Gesellschaft, und genau das war das Problem – wenn wir ihn mit Elsa allein in der Wohnung ließen, erinnerte ihn das daran, wie er in den Schrank eingesperrt und dort alleingelassen worden war. Kein Wunder, dass er sich dagegen wehrte und sich dafür an den Kissen und Matratzen rächte! Wenn wir weggingen und ihn zurückließen, bekam er Panik, weil er dachte, wir würden nie mehr zurückkommen und er könnte nicht fliehen. Man musste den Hund schon lieben, um all das zu ertragen.

Es ging nicht nur darum, zu verstehen, was er in der Vergangenheit erlebt hatte, sondern auch, was er brauchte, um glücklich zu sein. Eines Tages war ein Tischler in unserer Wohnung, um etwas zu reparieren. Er schenkte Charlie viel Aufmerksamkeit. Der Mann trainierte Jagdhunde für Schießsituationen, und daher wusste er, wie man mit einem Springer Spaniel umgeht. Es dauerte nicht lange, bis er mich zu sich rief und fragte: »Hat Ihr Hund vielleicht einen Platz, an dem er Dinge versteckt? Er ist zwar ein lieber Hund, aber als ich gerade meinen Hammer suchte, war er weg. Da bin ich ins andere Zimmer gegangen und Charlie hatte ihn gemopst. Wie gesagt, er ist ein lieber Hund, aber er klaut alles, und jetzt weiß ich nicht, wo er mein Stemmeisen versteckt hat.«

Ich zeigte ihm Charlies Versteck, und natürlich fanden wir dort das Stemmeisen und noch ein paar andere Werkzeuge, die der Tischler noch gar nicht vermisst hatte.

»Sie sollten sich eine Hundepfeife besorgen«, riet er mir, »und dem Hund etwas zu tun geben. Das ist die Ursache – er ist ein Arbeitshund und braucht eine Aufgabe. Er ist sehr klug – ich könnte ihn ohne weiteres mit zum Schießen nehmen. Ich wette, er wüsste genau, was von ihm erwartet wird.« Er brachte Charlie dazu, sich hinzusetzen, was mich verblüffte, weil ich es nie schaffte, und gab mir dann ein paar Ratschläge. »Beim Gassigehen müssen Sie Gegenstände werfen, die er zurückbringen soll. Zu Hause können Sie Leckerchen oder seine Spielsachen verstecken, und er muss sie suchen. Sie müssen ihn beschäftigen; das wird ihn ruhiger machen.«

Das war ein echter Wendepunkt. Sobald wir Charlie beschäftigten, verwandelten sich seine Unarten in Verspieltheit. Allmählich wurde er ruhiger. Nun kam ein kleiner Frechdachs mit großem Herzen zum Vorschein, dessen Intelligenz ihm selbst – und uns – immer wieder

Probleme machte. Ich vermute, seine überkandidelte Seite wurde ihm als Welpe von Menschen anerzogen. Mitunter zeigte er manisches oder sogar gestörtes Verhalten, aber im Grunde hatte er einen sanften Charakter. Aufgrund der Misshandlungen, die er erlitten hatte, fiel es ihm schwer, diese Sanftheit zuzulassen, und daher zeigte er sich lieber von seiner unartigen Seite. Und tatsächlich war er viel süßer, wenn er frech und verspielt war, als wenn er den braven Hund spielte – was selten genug war. Er war der freche Schuljunge, den man nicht ausschimpfen will, weil er so witzig und charmant ist.

Man durfte ihn jedoch nicht aus den Augen lassen – er blieb Zeit seines Lebens ein Dieb. Wenn man ihm keine Beachtung schenkte, kam er angeschlichen und klaute irgendwas, was er dann verschleppte, und das war garantiert genau der Gegenstand, den du gerade am dringendsten brauchtest: eine Schachtel Zigaretten, ein Schuh oder die Brieftasche. Und wenn du es dann fieberhaft in der ganzen Wohnung suchtest und dich selbst verfluchtest, weil du es verlegt hattest, tauchte Charlie wieder mit dem gesuchten Objekt im Maul auf und legte es dir breit grinsend vor die Füße. Er brachte es immer ohne eine Macke zurück – er biss nie in eine Zigarettenschachtel oder einen Schuh. Zugegeben, manchmal versteckte er auch einfach das Gesuchte, aber das war selten.

Einmal besuchte mich eine Freundin, und wir wollten gerade in der Küche Tee trinken, als Charlie mit einem ihrer sündhaft teuren Schuhe von Prada im Maul auftauchte. Er hatte sich den Schuh offensichtlich aus ihrem Koffer geangelt. Ich entschuldigte mich bei ihr und sagte, er würde das nur tun, um ein Leckerchen zu bekommen. Als ich aufstehen wollte, um einen Hundekuchen zu holen, schimpfte sie mit mir: »Nein, der Hund muss es endlich mal lernen!« Sie schrie ihn an. Charlie machte ein verdattertes Gesicht und ließ den Schuh fallen. Dann wandten wir uns wieder dem Tee zu.

Mitten im Teetrinken rief Jim vom Flur aus: »Hey! Charlie rennt mit einem Slip im Maul herum!« Wir gingen hinaus auf den Flur und sahen, wie er auf und ab trabte, während er eine Unterhose meiner Freundin über dem Kopf schwenkte. Es war fast unmöglich, ihn zu erwischen und sie ihm abzunehmen. Dieses Mal zeigte unsere Bekannte Humor; sie konnte nicht aufhören, über Charlie zu lachen. »Das ist kein Hund, das ist ein Mensch!«, meinte sie.

Charlie liebte es, auf seinem eigenen Stuhl mit am Esstisch zu sitzen, wenn wir Gäste hatten. Dann schaute er zu, während wir aßen und uns unterhielten. Er klaute nie etwas von den Tellern, noch nicht einmal, wenn wir wegschauten, und wenn wir fertig waren, bekam er ein Häppchen. Einmal bot ihm jemand eine Zigarette an, die in der Schachtel steckte, und er steckte sie sich ins Maul, als würde er auf Feuer warten. Wir lachten Tränen.

Die Spaziergänge mit ihm machten immer viel Spaß. Springer Spaniels werden dazu gezüchtet, ins Unterholz zu rennen und Vögel aufzuscheuchen. Charlie wäre am liebsten den ganzen Tag lang durch die Heide oder den Sumpf gestöbert. Er sprang immer aufgeregt ins Auto und liebte es, wenn wir mit ihm neue Orte aufsuchten. Wenn er ein Gewässer sah, wollte er unbedingt hineinspringen, und ich stand immer Todesängste aus, wenn er sich in reißende Flüsse warf und gegen die Strömung schwamm.

Einmal besuchte das Medium Tony Stockwell uns, und ich hatte vor, mit ihm und Charlie zum Loch Lomond zu fahren, damit er von dort die schöne Aussicht genießen konnte. Tony ist immer gut gekleidet, doch noch bevor wir dort oben parkten, war er von oben bis unten mit Hundehaaren bedeckt und von Charlie, der unser Ziel wahrscheinlich ahnte, halbtotgeschleckt worden. Wir gingen am Ufer entlang und warfen Steine ins Wasser, denen Charlie hinterherjagte. Dann machten wir uns auf zu einem hohen Pier, der weit ins tiefe Wasser des Lochs ragte, weil Tony ein Foto vom Ben Lomond machen wollte. Geistesabwesend kickte er einen Stein vom Pier weg. Der Stein fiel mehrere Meter hinunter in den See, und sobald er auf der Wasseroberfläche aufprallte, raste Charlie wie eine Rakete los und sprang vom Pier. Er flog durch die Luft und kam mit lautem Platschen im Wasser auf, wo er herumschwamm und nach dem Stein tauchte. Der arme Tony erschrak zutiefst, weil er meinen Hund in diese Gefahr gebracht hatte! Aber ich beruhigte ihn – Charlie hatte einen Riesenspaß dabei. Er lauerte immer auf eine Gelegenheit, ins Wasser zu springen.

Nicht nur unsere Wohnung war sein Revier, sondern auch die spiritistische Kirche. Viele Mitglieder der Gemeinde können noch heute vom eisigen Tag im Januar 1996 berichten – einem der kältesten Winter in Glasgow –, an dem Charlie sie aus der Kirche aussperrte. Es war kurz vor dem Gottesdienst, und der Hausmeister kam schon früher, um Jim und mir die Leuchten zu zeigen, die er draußen installieren wollte. Wir ließen die Kirchentür offen – die Schlüssel und unsere Mäntel waren im Gebäude – und folgten ihm nach draußen. Als wir gerade Bemerkungen über die eisige Kälte machten, sah ich, wie Charlie aus der Wohnung flitzte und über den Flur auf uns zu rannte, und da wusste ich, was gleich passieren würde. »Nicht, Charlie! Nicht!«, schrie ich, aber da war es schon zu spät – er war hochgesprungen, und dabei schlug die Tür zu. Wir waren alle ausgesperrt.

Die Gemeindemitglieder kamen in ihren Autos angefahren, und wir standen draußen im Schnee, während Charlie drinnen wie verrückt bellte. Das Medium, das an diesem Abend arbeitete, traf ein, und wir mussten mit klappernden Zähnen erklären, was los war. Wir schauten durchs Fenster in die Kirche und sahen, wie Charlie bellend und schwanzwedelnd hin und her rannte. Irgendjemand rief den Gemeindevorstand an und bat ihn, Ersatzschlüssel zu bringen, doch wegen der spiegelglatten Straßen dauerte es eine halbe Stunde, bis er eintraf. In der Zwischenzeit standen wir alle draußen, stapften herum, hauchten in unsere eiskalten Hände und riefen nach Charlie, der drinnen fröhlich bellte. Wäre er nur schlau genug gewesen, uns die Tür zu öffnen!

Zwischen ihm und Dronma bestand eine besondere Freundschaft, und wenn sie mit ihm redete, schmiegte er immer seinen Kopf an ihren Kopf und hörte andächtig zu. Er mochte es, im Mittelpunkt zu stehen, und wenn er krank oder verletzt war, kam er mit einem leidenden Gesichtsausdruck an, hielt uns die Pfote hin und redete in einem komischen Knurrton mit uns. Man konnte sich fast mit ihm unterhalten.

»Was hast du denn, Charlie?«

»Grummel grummel.«

»Ach, das ist aber gar nicht schön, du armer Schatz!«

Er war ziemlich wehleidig.

Als wir uns die Springer-Spaniel-Hündin Meg anschafften – damals war Charlie ungefähr acht Jahre alt –, wirkte sie ausgleichend auf seinen schwierigen Charakter. Meg kam direkt von ihrer Hundemutter und war ein so süßer Welpe, dass ihre Pfoten kaum je den Boden berührten – wir konnten gar nicht anders, als sie dauernd hochzuheben und zu knuddeln, wofür wir mit Küsschen aufs Ohr belohnt wurden. Noch heute als erwachsene Hündin ist sie am glücklichsten, wenn sie auf unseren Schoß klettern darf. Mit ihren großen mandelförmigen Augen sieht sie aus wie Bambi im Disneyfilm. Sobald jemand zur Tür reinkommt, springt sie in seine Arme, auch wenn sie ihn noch nie gesehen hat.

Im Gegenteil zu ihr war Charlie fast immer misstrauisch. Wie Meg war seine tierische Seite liebevoll, und es war die höher entwickelte – die menschlichere – Seite seines Bewusstseins, die ihn so vorsichtig werden ließ. Die meisten Tiere reagieren, sobald ein Impuls in ihrem Gehirn angekommen ist, aber Charlie konnte man ansehen, dass er erst überlegte und die jeweilige Person einschätzte. Dadurch entwickelte er ein feines Gespür für Menschen, die seiner »Familie« schaden könnten, und aus diesem Grund war er ein so guter Schutzhund. Sein Bewusstsein entwickelte sich zeitlebens weiter, und ich glaube, er hat auch einiges von uns gelernt.

Kapitel 2

Der sechste Sinn

Als ich mich ans Schreiben dieses Buches setzte, bat ich meine Leser und Freunde, mir ihre Geschichten über Tiere und die geistige Welt aufzuschreiben. Als Antwort bekam ich viele E-Mails. Diese erstaunlichen Geschichten handelten von allen möglichen Tieren – vom Hängebauchschwein bis hin zum Wellensittich, und ihre Verfasser waren so freundlich, mir zu erlauben, sie mit Ihnen zu teilen. Es war nicht leicht, nur ein paar herauszusuchen, da alle einzigartig waren. Doch wie ich beim Lesen feststellte, gab es mehrere Themen, und das erste, worüber ich berichten werde, ist eine Art »sechster Sinn«, den viele dieser Haustiere teilten. Alle Tiere hatten, lange bevor die Menschen in ihrem Umfeld es wahrnahmen, etwas gespürt, und meistens war ihr erster Instinkt, ihre Menschen zu beschützen oder ihnen nahe zu sein. Doch ist dieser sechste Sinn natürlich oder übernatürlich?

Die erste Geschichte stammt von Kevin Wiggill aus Benoni in Südafrika:

Unser mittleres Kind heißt Darren. Seine Geburt war kompliziert, da sich die Nabelschnur um seinen Hals gewickelt hatte. Das war vielleicht auch der Grund, warum er später Lernschwierigkeiten entwickelte. Er war immer eine Kämpfernatur, und als er noch klein war, bemerkten wir sein Lernproblem und versuchten, ihn so gut wie möglich zu unterstützen. Er gehörte zu den Kindern, die man einfach bedingungslos liebt – man konnte ihm nie lange böse sein. In solchen Fällen gewährt man dem Kind ein bisschen mehr Freiheit als anderen Kindern.

Wir haben ein Gästehaus auf einem fünf Morgen großen Grundstück und jede Menge Hunde und Katzen, Kühe und Gänse. Ich fand, dass wir schon genug Hunde hatten, und sagte meiner Familie: »Das reicht«, aber dann hatte die Hündin von Bekannten einen Wurf Welpen, und Darren hielt mir mit großen braunen Augen den kleinsten hin und bettelte: »Daddy, können wir den Welpen nicht behalten?« Natürlich gaben wir nach. So kam Bonnie in unser Leben. Sie war sein Hund, während keines unserer anderen Kinder ein eigenes Haustier hatte.

Bonnie war eine Mischung aus Staffordshire Terrier und Chow-Chow. Sie war ein hässlicher Hund und sah fast aus wie eine kleine Hyäne. Sie liebte Kinder und war ein hervorragender Wachhund. Meistens wussten wir gar nicht, wo sie gerade steckte, weil sie so still war. Doch wenn mögliche Einbrecher oder Kriminelle herumschlichen, schlug sie Alarm und fing an zu bellen. Ich wusste, ich konnte ihre Warnung ernstnehmen, und ging dann, um nachzusehen – und jedes Mal gab es einen Eindringling, den ich verscheuchte.

Eines Tages hörte ich sie im Garten anschlagen, als ich gerade beim Jogging war. Sie knurrte mit gefletschten Zähnen in Richtung des Kräutergartens und umkreiste einen Fünfjährigen, der zu der Familie gehörte, die zu dem Zeitpunkt in unserem Gästehaus wohnte. Irgendwas stimmte nicht, und Bonnie versuchte eindeutig, den kleinen Jungen von der

Kräuterecke fernzuhalten. Sie drängte sich zwischen ihn und die Kräuter und bellte immer wieder wütend die Pflanzen an.

Ich nahm den Kleinen auf den Arm und brachte ihn zu seinen Eltern. Dann ging ich zurück zu Bonnie, um zu sehen, was sie so unruhig machte. Zu meinem Erschrecken verbarg sich eine zwei Meter lange Ringhalsschlange – eine spuckende Kobra – zwischen den Pflanzen. Hätte sie das Kind angegriffen, dann hätte es leicht tödlich ausgehen können. Bonnie hatte den Kleinen beschützt. Warum tat sie das? Welche Macht der Natur, die für uns unsichtbar ist, brachte sie dazu, dieses Risiko einzugehen?

Ganz offensichtlich halfen Bonnies feine animalische Sinne ihr, die verborgene Schlange zu entdecken. Aber noch mehr halte ich Bonnies Geschichte als ein gutes Beispiel für das natürliche Verhalten von Tieren. Es war nicht die Macht der Natur, die durch sie zum Ausdruck kam, sondern es war etwas noch Unverfälschteres: Der Instinkt, ein ihr fast fremdes Kind zu beschützen, steckte in jeder Faser ihres Wesens. Ein Mensch hätte womöglich erst einmal über das Risiko, selbst von der Schlange angegriffen zu werden, nachgedacht oder sich überlegt, was falsch laufen könnte, doch ein Tier hat weder Logik noch Zweifel.

Bonnies völlig instinktive Reaktion ist etwas, was wir fast täglich in allen möglichen Situationen erleben, wenn wir aufmerksam auf unsere Tiere achten. Vielleicht nervt Sie das Bellen Ihres Hundes, aber im Grunde beschützt er Sie nur.

Eine weitere alltägliche Gabe, die viele Haustiere teilen, ist die Fähigkeit, zu wissen, wann ihr Mensch zurückkehrt. Ein Zyniker würde vielleicht sagen, dass sie sich nur auf ihr Futter freuen, aber meiner

Überzeugung nach geht es hier um mehr als nur die Liebe zu Hunde- oder Katzenfutter.

Melissa Priddy aus Castle Douglas in Schottland hatte schon eine Katze und einen Hund, die diese unerklärliche Gabe besaßen:

> *Als ich meinen Mann kennenlernte, hatte ich eine fünfzehn Jahre alte Katze. Mickey war ein stattlicher, wuscheliger Kater, der mehr Hund als Katze war. Ich besaß ihn schon, seit ich zwölf war. Wenn mein späterer Mann und ich zu Fuß zurückkamen, holte Mickey uns unterwegs ab und begleitete uns nach Hause – plötzlich tauchte ein kleiner Schatten auf, und dann zeigte er sich. Mit der Zeit kam er uns immer weiter entgegen, und am Ende lief er eine Strecke von anderthalb Kilometern, um uns abzuholen – und weitere anderthalb Kilometer zurück. Es gab kaum eine Nacht, in der er uns nicht entgegenkam.*
>
> *Heute habe ich zwei Hunde: einen zehnjährigen Springer Spaniel namens Dillon und meinen schwarzen Labrador-Springer-Mischling Shadow, der drei Jahre alt ist. Früher musste ich beruflich einmal im Monat wegen Meetings von Schottland nach Birmingham reisen, und am Tag meiner Abreise rührte Dillon sein Futter nicht an und blieb in seinem Hundebett liegen – was für ihn sonst vollkommen ungewöhnlich war! Vermutlich bekam er meine Vorbereitungen mit und kannte die Routine schon.*
>
> *Außergewöhnlich war, dass mein Mann und unsere Kinder mich auf meiner Heimfahrt immer anriefen, wenn ich noch ungefähr 25 Kilometer von zu Hause entfernt war, und mir sagten: »Du musst bald da sein.« Ich zerbrach mir den Kopf,*

woher sie das wissen konnten. Wie sich herausstellte, rannten die Hunde – angeführt von Dillon – dann ganz aufgeregt ans Fenster und schauten hinaus. Egal, um welche Uhrzeit ich zurückfuhr – sie wussten es immer. Wir machten sogar ein Spiel daraus!

Im Rückblick glaube ich, Dillon hatte die Gabe, meine Rückkehr zu spüren, schon immer, denn ich erinnere mich an ein Ereignis, das sich zutrug, als er noch ein Welpe war. Da er noch nicht stubenrein war, hatten wir ein kindersicheres Gitter an der Küchentür angebracht und sperrten ihn in die Küche, wenn wir weggingen. Eines Tages fanden wir bei unserer Rückkehr Dillon schlafend in seinem Körbchen vor, so als sei nichts Besonderes geschehen. Doch als ich ins Wohnzimmer ging, stellte ich fest, dass etwas fehlte. »Wo ist denn die große Dose Schokobonbons?«, fragte ich meinen Mann. Dann sah ich sie: eine Spur aus Bonbonpapier führte durchs ganze Haus, und an einer Stelle lag ein kleiner Haufen Karamellbonbons. Dillon hatte die Dose geplündert und alles außer den Bonbons, die er nicht mochte, aufgefressen. Dann hatte er gemerkt, dass wir zurückkamen, und im Wissen, dass er etwas Unerlaubtes getan hatte, war er zurück über das Sicherheitsgitter gesprungen und spielte das Unschuldslamm!

Dillon ist ein typischer Springer Spaniel, nicht nur, weil er Süßigkeiten klaut, sondern auch, weil diese Hunderasse ein besonders feines Gespür für Zeit und die Routine ihrer Menschen hat. Von all meinen Hunden hatten Charlie und Meg das sicherste Gespür für den Zeitpunkt meiner Rückkehr. Charlie wurde immer aufgeregt, wenn uns der alte

Gordon besuchte, den er besonders gern mochte. Das war praktisch, denn so wussten wir, wann wir den Wasserkessel aufsetzen mussten – Gordon kündigte sich nämlich nie vorher an!

Doch woher wissen die Hunde und Kater Mickey, wann ihre Besitzer zurückkommen? Können sie uns mit ihren hyperwachen Sinnen meilenweit riechen oder hören? Der Biologe Rupert Sheldrake untersucht den sechsten Sinn der Tiere schon seit Jahrzehnten. Er ist überzeugt, dass Tiere (auch wir Zweibeiner) durch »morphische Felder« miteinander verbunden sind, was sie dazu befähigt, selbst über große Entfernungen hinweg zu spüren oder mit dem geistigen Auge zu sehen, wo sie und ihre Nächsten oder Mitglieder ihres Rudels sich gerade befinden. Ein Schwarm Fische oder Vögel weiß, wo die anderen Fische oder Vögel in Bezug zu ihm sind, und kann so reagieren, dass sich die ganze Gruppe gemeinsam bewegt. Sie sind zwar alle Einzelwesen, aber durch die Art und Weise, wie sie miteinander verbunden sind, sind sie gleichzeitig Teil einer größeren Einheit. Sie spüren auch, wenn sie von anderen Lebewesen beobachtet werden, die eine Bedrohung darstellen könnten – so wie Bonnie die Anwesenheit der Ringhalsschlange im Kräutergarten spürte.

In seinem Buch *Der siebte Sinn der Tiere: Warum Ihre Katze weiß, wann Sie nach Hause kommen, und andere bisher unerklärte Fähigkeiten der Tiere* (Scherz, 2012) schildert Sheldrake den Fall des Terriers Jaytee, der ein ausgeprägtes Gespür dafür hatte, wann sein Frauchen Pam von der Arbeit zurückkam. Tagsüber war der Hund bei ihren Eltern untergebracht, und so konnten sie beobachten, wie er während Pams Heimfahrt zu ihren Eltern reagierte. Dr. Sheldrake hat Hunderte von Vorfällen gesammelt, bei denen Jaytee an einem bestimmten Fenster wartete und nach Pam Ausschau hielt. Anfangs notierten Pams

Eltern die Bewegungen des kleinen Hundes; später stellte der Wissenschaftler eine Kamera auf, die Jaytees Bewegungen festhielt.

Pam fuhr täglich zwischen 7 und 22 Kilometer weit weg – eine zu große Entfernung, als dass der Hund sie auf der Rückfahrt riechen oder hören konnte, egal, wie fein sein Geruchssinn oder Gehör auch war – und kehrte zu ganz verschiedenen Zeiten zurück. Um Jaytees Fähigkeit zu testen und sicherzugehen, dass er nicht die Geräusche eines bestimmten Wagens mit ihrer Rückkehr verband, nahm sie abwechselnd ihr eigenes Auto, ein fremdes Auto, ein Fahrrad, den Zug oder ein Taxi. Die Ergebnisse waren faszinierend. Obwohl Jaytee manchmal abgelenkt war oder sich nicht wohlfühlte, zog es ihn doch immer wieder innerhalb von zehn Minuten, nachdem Pam die Heimfahrt angetreten hatte, ans Fenster. Und er tat es auch dann, als sie den Ort des Experiments mit Pams eigener Wohnung oder dem Haus ihrer Schwester vertauschten.

Woher wusste er es also? Es konnte unmöglich Routine oder einer von Jaytees fünf normalen Sinnen sein. Er verließ sich eindeutig auf etwas, was ich als Telepathie bezeichnen würde und was durch Sheldrakes morphische Felder möglich wurde. Pam schickte ihrem Hund auch keine gedanklichen Wellen. Der gesamte Vorgang war so natürlich, dass sie sich seiner gar nicht bewusst war.

Viele Haustierbesitzer auf der ganzen Welt haben Sheldrake Berichte über ähnliche Phänomene geschickt. Meistens handelt es sich um Hunde, doch es finden sich auch Katzen, Pferde, Frettchen, ein Affe, Papageien und sogar eine Eule darunter. Es macht keinen Unterschied, wenn die beiden »Sender« verschiedenen Spezies angehören – es ist eine Kraft, die das genauso überwindet wie die geistige Welt.

In einem Fall ging ein Mann ins Theater. Die Vorstellung langweilte ihn so sehr, dass er sich ausmalte, wie er aufstehen und einfach gehen würde. In genau diesem Augenblick lief sein Hund – wie seine Frau zu Hause mitbekam – zu seinem gewöhnlichen »Warteplatz«. Der Mann beschloss jedoch, sich den Rest der Vorstellung anzusehen, und kam daher viel später nach Hause, als der Hund es erwartet hatte. Der arme Hund war wahrscheinlich ziemlich verwirrt! Er hatte das Vorhaben seines Herrchens, früher nach Hause zu gehen, gespürt und nicht das Klingeln des Schlüsselbunds mehrere Kilometer weiter weg gehört.

Sicher gibt es Skeptiker, die jetzt sagen würden, dass solche telepathischen Tiere die Menschen um sich herum beobachten und Hinweise aufgreifen, dass sich ihre Besitzer auf dem Heimweg befinden. Nach dieser Theorie hätten Pams Eltern gewusst, wann Pam von der Arbeit nach Hause kommen würde und das vielleicht durch leicht veränderte Körpersprache, die nur der Terrier wahrnahm, verraten, oder Melissas Kinder hätten sich auf ihre Rückkehr aus Birmingham gefreut und Dillon hätte ihre Vorfreude gespürt. Doch die folgende Geschichte von Ann Shayler aus Farnham über ihre Katze Raffles zeigt eindeutig, dass etwas anderes im Spiel ist:

Mein Exmann war Milchmann. Eines Tages sah er auf seiner Tour ein ungefähr zehn Wochen altes Kätzchen, das misshandelt wurde. Das Kind der Familie, der die Katze gehörte, schleuderte sie in der Gegend herum, und als Folge dieser groben Behandlung hatte die Katze Schäden an den Hinterbeinen – ihr Gang war etwas merkwürdig. Mein Exmann rettete sie und brachte sie mit nach Hause.

> *Raffles war von Anfang an ein kleiner Frechdachs. Sie terrorisierte die Nachbarshunde, und sie mochte auch Menschen nicht. Sie blieb zeitlebens ein bisschen wild, auch wenn wir uns sehr um sie bemühten. Wenn ich es schaffte,*

sie auf den Arm zu nehmen, leckte sie sich an allen Stellen, an denen ich sie berührt hatte, sobald ich sie wieder auf den Boden setzte. Das einzige Lebewesen auf Erden, das sie liebte, war mein Sohn. Er war fünf, als wir sie adoptierten, und sie wurde Teil seiner Kindheit. Mit ihm ging sie immer sanft um. Sie schlief auf seinem Bett und lief ihm in den Park hinterher. Als er zur Schule ging, begleitete sie ihn bis ans Ende unserer Straße und holte ihn dort nachmittags wieder ab. Ich ging davon aus, dass die Uhrzeit und unsere Körpersprache ihr verrieten, wann er nach Hause kommen würde, und sie deshalb zu diesem Zeitpunkt losmarschierte. Doch als er älter wurde und auf die Universität ging, änderte sich das.

Als unser Sohn weg war, zog Raffles zu unserer Nachbarin, einer alten Dame. Ich glaube, sie war lieber dort, weil die Nachbarin still war und sie in Ruhe ließ. Interessanterweise tauchte Raffles jedes Mal, wenn unser Sohn von der Uni nach Hause kam, in unserem Haus auf und legte sich auf sein Bett, um dort auf ihn zu warten. Sie wohnte nicht mehr bei uns und konnte daher auch keine Hinweise von uns aufschnappen, und manchmal überraschte unser Sohn uns sogar mit einem Spontanbesuch. Ich habe keine Ahnung, woher sie wusste, dass ihr Lieblingsmensch zurückkommen würde – aber sie tauchte jedes Mal auf und wartete auf ihn. Die beiden verband eine ganz besondere Freundschaft.

Raffles wurde eine uralte Dame von 21 Jahren. Am Ende war sie so müde und schwach, dass sie eingeschläfert werden musste, als ich sie (in eine Decke gewickelt, weil ich sie sonst nie in die Katzenbox hätte setzen können) zum Tierarzt brachte. Doch auch wenn Raffles alt und zerbrechlich war, musste der Tierarzt sie zweimal spritzen, bevor sie einschlief. Er sagte, er habe das in all den Jahren als Tierarzt noch nie erlebt.

Raffles war eine unglaublich starke Persönlichkeit. Ich hatte in meinem Leben schon zehn Katzen, aber keine war wie sie. Irgendwie war sie einzigartig, und auch wenn sie mehr Distanz zu Menschen hielt als alle anderen, hatte sie einen viel ausgeprägteren Charakter.

Diese Kommunikationsebene läuft über Gefühle, nicht über Sprache ab. Sie funktioniert am besten, wenn ein Tier eine starke Verbindung zu einem Menschen hat. Raffles machte sich offensichtlich nichts daraus, Ann oder ihren Mann zu besuchen – sie war nur an ihrem Sohn interessiert! Ich wette, Raffles' starke Persönlichkeit verlieh ihr ein besonders gutes Gespür dafür, wie sie diese Gefühle nutzen und verstehen konnte. Sie schwang auf derselben Wellenlänge wie Anns Sohn, und daher brauchte er bloß nach Hause zu kommen: Raffles spürte es und kam ihm schon entgegen.

Rupert Sheldrake ist davon überzeugt, dass diese telepathischen Kommunikationswege »von der Verbindung zwischen Mensch und Tier abhängten, die nicht eine reine Metapher, sondern echte Verbundenheit ist«. Ich stimme ihm zu hundert Prozent zu. Und natürlich gehe ich als Medium noch einen Schritt weiter und sage, dass dieses Band aus Liebe und Zuneigung über den Tod hinaus bestehen bleibt. Es ist dieselbe Verbundenheit, die einen mit der Seele eines verstorbenen Menschen, der einem nahestand, eint, wenn man für sie offen ist und sie ernst nimmt.

Manche Wissenschaftler kritisieren Dr. Sheldrake und lehnen seine Forschungsergebnisse strikt ab, doch sogar manche von ihnen befassen sich mittlerweile mit der Intuition der Tiere und fangen an, ihr eine auf vielen Forschungsgebieten wichtige Bedeutung zuzumessen. Die Chinesen untersuchen das Verhalten von Tieren seit den 1970er Jahren, um zu sehen, ob Tiere sie vor ungewöhnlichen seismischen Bewegungen warnen und dadurch im Falle eines schweren Erdbebens Leben retten können. In einer wissenschaftlichen Untersuchung beobachten Forscher in Nanning Schlangen rund um die Uhr hinsichtlich Warnzeichen. Nach dem Erdbeben in Sichuan im Mai 2008 berichteten viele chinesische Blogger, dass es zahlreiche Warnzeichen in der Natur gegeben hatte: Hunderte von Kröten wanderten in eine Großstadt, ein Riesenschwarm Schmetterlinge flüchtete gemeinsam und Farmtiere wurden nervös.

Auf dem Gebiet der Medizin könnten Hunde im Kampf gegen den Krebs eine Rolle spielen. Wie eine Studie von Dr. John Church in England gezeigt hat, können Hunde bei Patienten Blasenkrebs erkennen, indem sie an deren Urinproben schnüffelten. Die Studie läuft noch. Auch gibt es viele Berichte über Tiere, die ein Muttermal oder eine Hautstelle ihres Besitzers ständig leckten. Später stellte sich heraus, dass das Muttermal Hautkrebs war.

Ein tierischer Instinkt, der Biologen fasziniert und immer noch ein Mysterium ist, ist die Fähigkeit mancher Hunde, entweder ihre Besitzer vor einem epileptischen Anfall zu warnen oder sie während des Anfalls zu beschützen, indem sie beispielsweise dafür sorgen, dass Frauchen oder Herrchen nicht auf etwas stürzt, woran es sich verletzen kann. Wendy Bessenyei aus Port Elizabeth in Südafrika schickte mir die folgende Geschichte über ihren Hund Timone:

Ich habe einen fünf Jahre alten Jack-Russell-Terrier namens Timone, der mein Liebling ist. Eigentlich hatten wir ihn aus einem Wurf Welpen, den eine Freundin gezüchtet hat, für unsere Tochter ausgesucht, aber im Grunde suchte er sich uns aus, denn er kam als Erster angewackelt, um uns zu begutachten. Wir tauften ihn Timone nach einer Tierfigur im König der Löwen, weil wir schon einen Mischling namens Phumba hatten. Die Kinder liebten ihn heiß und innig. Anfangs schlief er neben mir unter einer Decke zwischen der Matratze und dem Bettrand, bis er so groß wurde, dass er nicht mehr in die Ritze passte.

Er ist ein wundervoller Hund, der gerne mitkommt, wenn wir Einkaufen fahren. Dann streckt er den Kopf aus dem offenen Fenster und lässt seine Ohren im Wind flattern. Wenn ich abends von der Arbeit nach Hause komme, wirkt er beruhigend auf mich, da mein Job als Bankangestellte ziemlich hektisch ist. Mehr als hundert Kunden am Tag zu bedienen ist sehr anstrengend, aber wenn ich mit ihm kuschle und ihn – und sein süßes Grinsen mit dem Überbiss – sehe, schmilzt mir das Herz und bringt mich zum Lächeln.

Einmal hatte ich eine Freundin zu Besuch, die gerade eine schwere Zeit durchmachte. Sie hatte Anzeichen einer bipolaren Störung, die starke Stimmungsschwankungen und eine Menge psychischer Probleme hervorrief. Ein zweiter Arzt hatte während der CAT-Untersuchung ein »Gewächs unbekannter Ursache« entdeckt, und sie war ein paar Monate zuvor am Steuer ohnmächtig geworden und hatte einen Unfall gehabt. Auch wenn sie keine ernsthaften Verletzungen davongetragen hatte, verunsicherten der Unfall und die

Tatsache, dass die Ärzte keine klare Diagnose stellen konnten, sie natürlich.

Sie saß neben mir auf dem Sofa im Wohnzimmer und wir unterhielten uns gerade, als ihre Hände anfingen zu zittern und sie sagte, dass ihr schlecht sei. Ich zog die Vorhänge zu und legte die beruhigenden Klänge von Mozart auf.

Timone saß die ganze Zeit über zu ihren Füßen und winselte leise, während er sie aufmerksam beobachtete. Plötzlich sprang er auf ihren Schoß, was mir merkwürdig vorkam, weil er das bei anderen Leuten nur selten tat, und fing an, ihr die Hände zu lecken. Sie streichelte seinen Rücken, und er richtete sich auf, legte die Pfoten auf ihre Schultern und legte den Kopf an ihren Hals. Meiner Freundin ging es zunehmend schlechter, doch sie hörte nicht auf, Timone zu streicheln. Sie wurde langsam panisch, und so rückte ich näher an sie heran und redete leise auf sie ein, damit sie sich beruhigte und bei Bewusstsein blieb. Timone sah ihr unverwandt ins Gesicht.

Innerhalb von zehn Minuten erlitt sie einen schweren epileptischen Anfall, der uns beide zu Tode ängstigte. Ich bat meinen Mann, die Kinder nach oben zu bringen, und saß neben ihr, während sie den Anfall durchmachte. Ich fühlte mich so hilflos, weil ich nur ihre Schultern massieren und ihre Hand halten konnte. Der Anfall dauerte ein paar – vielleicht fünf oder zehn – Minuten, aber uns kam es viel länger vor. Als er abebbte, beruhigte ich sie und sagte ihr, sie solle tief einatmen. Timone war die ganze Zeit über auf ihrem Schoß geblieben. Jetzt sprang er herunter, gähnte und legte sich wieder zu unseren Füßen.

Meine Freundin weinte und wiederholte immer wieder, wie leid es ihr tue, doch ich tröstete sie, half ihr in ihren Schlafanzug und brachte sie die Treppe hinauf ins Gästezimmer. Ich staunte darüber, wie scharfsinnig Timone gespürt hatte, was passieren würde, und wie toll er sie instinktiv getröstet hatte. Sie hatte noch nie einen solchen Anfall gehabt und hatte ihn nicht vorausahnen können, und soweit ich weiß, war Timone noch nie jemandem begegnet, der Epilepsie hatte.

Jahre später erzählte mir meine Freundin, dass sie seitdem noch weitere Anfälle gehabt hatte, die normalerweise einen Muskelkater und Erschöpfung zur Folge hatten. Wie sie sagte, hatte die Möglichkeit, Timone streicheln zu können, ihr vor und nach dem ersten Anfall sehr geholfen. Dadurch habe ich heute eine noch größere Hochachtung vor Hunden. Ihre intuitiven Verhaltensweisen sind unserer kriegstreibenden materialistischen Sichtweise unseres Planeten weit überlegen.

Man vermutet, dass Hunde wie Timone feinste Veränderungen der Körperchemie wittern oder einen Unterschied in den elektrischen Strömungen des Gehirns eines Epileptikers spüren. Es ist weniger ein sechster Sinn, der sie diese Hinweise wahrnehmen lässt, sondern vielmehr die Tatsache, dass ihre »normalen« fünf Sinne, die sie mit uns teilen – Sehen, Riechen, Hören, Fühlen und Schmecken –, schärfer eingestellt sind, als unsere es je sein werden.

Manche Vereine trainieren »Assistenzhunde«, damit sie sich um ihren Besitzer kümmern und Hilfe holen können, wenn dieser einen Anfall erleidet. Menschen, die einen epileptischen Anfall mit ansehen müssen, bekommen häufig Angst. Obwohl man das auch von einem »dummen« Tier erwarten könnte, warnen solche Hunde nicht nur ihren Besitzer durch nervöses Verhalten, sondern bleiben auch treu an seiner Seite und lecken ihn oft so lange, bis er wieder zu sich kommt. Man kann jedoch keinen Hund abrichten, einen Anfall seines Herrchens oder Frauchens im Voraus zu »spüren«; Hunde – egal ob es sich um ausgebildete Assistenzhunde oder gewöhnliche Haustiere handelt – erlernen dies durch ihre Verbundenheit zu ihrem Menschen von alleine.

Dieses Band ist für Assistenzhunde ganz wichtig. Ihr zukünftiger Besitzer muss an mehreren Ausbildungstagen anwesend sein und in dieser Zeit mit vielen verschiedenen Hunden Aufgaben lösen. Irgendwann sucht er sich den Welpen aus, dem er sich besonders verbunden fühlt, oder der Hund wählt ihn aus. Wie viele Epileptiker berichten, werden ihre Anfälle nach ein paar Monaten mit ihrem neuen Begleiter und Helfer seltener – vermutlich, weil sie nun weniger verkrampft sind, da sie im Voraus wissen werden, wenn sich ein Anfall ankündigt, und sich in diesen Situationen beschützt fühlen.

Was ich an Timones Geschichte besonders interessant finde, ist die Tatsache, dass zwischen ihm und der Frau keine Verbundenheit bestand. Dieser kleine Hund hatte ein so großes Herz, dass es ihm egal war, ob sie eine Fremde war oder nicht. Er war auch nicht darin ausgebildet, aber trotzdem half er der Frau, sich zu erden, als sie es am meisten brauchte. Timone wusste, dass er sich ruhig verhalten und sie trösten musste, während ihre Welt wankte.

Wenn so starke Gefühle im Spiel sind, kann es auch noch eine weitere Schicht des »sechsten Sinnes« geben, und das ist Zeit. Telepathie funktioniert zeitlos, da sie eine Gefühlssache ist, ein Phänomen, das von reinen Emotionen getragen wird. Aus diesem Grund kann es sich bei telepathischen Botschaften um etwas handeln, was noch nicht eingetroffen ist, aber eintreten wird.

Man kann sich nicht hinsetzen und beschließen, jetzt eine Vorausahnung zu haben, weil man es will. Oft befindet man sich in einer Extremsituation, die einen »aus der Zeit heraus« in einen erweiterten Bewusstseinszustand katapultiert. Menschen, die trauern oder Todesangst haben, haben eher eine Vorausahnung, und auch wenn sie ihnen »übernatürlich« und »unlogisch« erscheint, spüren sie instinktiv, dass sie ganz real ist.

Bei Tieren verhält es sich anders. Sie brauchen dafür keine extremen Emotionen zu durchleben, da sie schon viel stärker im Einklang mit ihren Gefühlen leben. Sie wenden keine Logik an und reden sich auch nichts aus, sondern reagieren nur.

Natürlich können Sie Ihre Katze nicht darum bitten, Ihnen die Gewinnzahlen für das nächste Samstagslotto zu nennen, doch manchmal lassen sich die deutlichen Reaktionen eines Haustiers durch spätere Ereignisse erklären.

In *Mein Kontakt mit dem Jenseits* schildere ich einen unheimlichen Vorfall, bei dem Charlie wieder einmal etwas zu spüren schien, was über die menschliche Wahrnehmungsgabe hinausging. Als Jim und ich mit ihm auf einem Friedhof spazieren gingen, entdeckte er einen Grabstein (aus Granit), in den »Gordon Smith, Schriftsteller« und darunter »Steven Andrew Smith« – der Name eines Matrosen, der im Ersten Weltkrieg auf See zu Tode gekommen war – eingemeißelt war. Da mein Sohn, der auch Steven Andrew Smith heißt, nur eine Woche zuvor zur Royal Navy gegangen war, lief es mir eiskalt den Rücken herunter, vor allem, da Charlie den Grabstein wütend anbellte.

Etwas über einen Monat später beschloss mein Sohn, dass die Navy nicht sein Ding war, und beendete seine kurze Dienstzeit schon wieder.

Als kurz darauf der zweite Golfkrieg begann, fragte ich mich, ob womöglich in einer alternativen Zukunft mein eigener Sohn Steven Andrew Smith im Krieg gefallen war und Jim und ich an seinem Grab gestanden hatten.

Eine ganze Weile später kehrten Jim und ich zu dem Friedhof zurück, um uns den Grabstein noch einmal anzusehen. Völlig verblüfft entdeckten wir, dass der Name des jungen Mannes verschwunden war. »Gordon Smith, Schriftsteller« stand zwar immer noch auf dem Grabstein, und auch der Name einer Tochter, die in den 1920er Jahren verstorben war, aber von Steven Andrew Smith war keine Spur zu sehen. Diesmal war es Meg, die uns an den Ort geführt hatte – und sie zeigte kein Interesse und auch keine Angst.

Was hatte Charlie gespürt, als er den Grabstein gefunden hatte? Hatte er Angst bekommen, weil er die unheilvolle Bedeutung der Namen auf der Granitplatte gewittert hatte? Zwar werde ich nie erfahren, was in Charlie damals vorging, aber ich weiß, dass er versucht hat, uns vor etwas zu warnen, das in der Zukunft passieren würde. Jim und ich hätten diese eingravierten Namen auf einem Friedhof mit Tausenden von Inschriften nie entdeckt, und außerdem suchten wir auch gar nicht danach – warum sollten wir?

Anita Robertson aus Keighley in England erzählte mir von einem anderen Hund, der auch die Zukunft voraussagte:

Ann, die Mutter einer Freundin, erzählte mir einmal eine Geschichte über ihren Hund, einen blonden Labrador. An einem Sonntag im Winter kamen ihre Schwiegereltern wie immer zum Abendessen, und an diesem Tag wich der Hund seltsamerweise nicht von der Seite der Schwiegermutter. Als diese sich an den Esstisch setzte, legte der Labrador den

Kopf in ihren Schoß, und als sie sich später aufs Sofa setzte, saß er winselnd zu ihren Füßen, so dass sie ihn schließlich in den Garten verbannten.

Nachdem die Schwiegereltern nach Hause gegangen waren, öffnete Ann die Haustür, um die Milchflaschen rauszustellen. Da rannte der Labrador an ihr vorbei zur Haustür hinaus. Der Hund wurde sehr verwöhnt; er bekam täglich frisches Hackfleisch und wurde mit Liebe und Aufmerksamkeit überschüttet. Daher ergab sein Wegrennen keinen Sinn. Ann bekam Angst. Sie zog rasch ihre Schuhe an und rief ihren Mann Roy. Gemeinsam gingen sie den Hund in der Dunkelheit suchen. In ihrem Wohngebiet gab es viele verkehrsreiche Straßen, und der Hund durfte nie alleine herumstreunen, sondern war draußen immer an der Leine, und so machten sie sich große Sorgen um ihn.

Dennoch kehrten sie mit leeren Händen zurück und hofften, der Hund würde vor ihrem Haus auf sie warten, aber er war nicht aufgetaucht. Dann rief Anns Schwiegermutter an und sagte: »Ann, du wirst es nicht glauben: Euer Hund ist hier und lässt mich nicht in Ruhe!« Mittlerweile war es zehn Uhr abends, und so beschlossen sie, den Hund dort zu lassen und am nächsten Tag abzuholen.

Ein paar Stunden später rief Roys Vater sie an. Anns Schwiegermutter war kurz nach ihrem Anruf zusammengebrochen und gestorben – ohne jede Vorwarnung oder Erkrankung. Sie war einfach tot umgefallen. Der Arzt stellte bei der Obduktion ein zerebrales Aneurysma fest. Wie Ann sagte, ist sie davon überzeugt, der Hund hat gewusst, dass ihre

Schwiegermutter sterben würde, und war hingelaufen, um ihr beizustehen.

Dieser Labrador erinnert mich an den Kater Oscar, der die Sterbenden im Pflegeheim besucht – mit einem bedeutenden Unterschied. Wie manche Biologen spekulieren, weiß Oscar, dass er die gebrechlichen Patienten trösten muss, weil er die Körpersignale spürt, die sie aussenden und die auf ihr bevorstehendes Ableben hinweisen. Anns Schwiegermutter verstarb jedoch ganz plötzlich an einer Ursache ohne jede äußeren Körpersymptome.

Tiere sind auf eine subtilere Weise als Menschen mit dem Tod verbunden. Sie spüren, wenn ein anderes Tier sterben wird und ob es getröstet oder in Ruhe gelassen werden sollte. Auch wissen sie häufig im Voraus, wann sie sterben werden. Katzen ziehen sich zum Beispiel zurück, wenn der Zeitpunkt gekommen ist.

Der Labrador hatte gespürt, dass die Lebenskraft aus der alten Dame wich – das ist nichts Ungewöhnliches oder »Übersinnliches«, genauso wenig wie ein sensitiver Mensch, der dieselben Hinweise fühlt. Es ist etwas ganz Natürliches – für uns und für Tiere, mit dem einzigen Unterschied, dass Tiere diesen sechsten Sinn klar und deutlich wahrnehmen und sich keine Gedanken darüber machen, ob die Wahrnehmung real ist oder nicht. Wir könnten zwar sagen: »Ich mache mir um deine Mutter Sorgen, weiß aber nicht, warum«, aber wir würden uns nicht auf ihren Schoß setzen, ihr die Hand abschlecken oder ihr bis nach Hause folgen! Stattdessen würden wir versuchen, uns das Gefühl auszureden, und denken: »Ich bilde mir das nur ein; ihr wird nichts passieren!«

Von Tieren können wir lernen, auf unseren sechsten Sinn zu achten

Kapitel 3

Das Mitgefühl der Tiere

Als ich noch mit Katie verheiratet war und unsere Söhne Steven und Paul klein waren, arbeitete ich in einem Friseursalon und wir lebten in einem Wohnblock in Glasgow. Im obersten Stock unseres Gebäudes wohnte eine junge Mutter mit zwei Kindern. Die Frau trank und hatte ihr Leben nicht im Griff. Die Familie hatte einen großen schwarzen Lurcher, einen außergewöhnlich intelligenten und einfühlsamen Hund. Jeden Nachmittag zur selben Uhrzeit verließ der Hund die Wohnung und trottete die Treppe hinunter. Er ließ sich auch durch Streicheln nicht ablenken. Um 14:50 Uhr rannte er dann immer los und verschwand am Ende der Straße. Um Viertel nach drei tauchte er wieder am Ende der Straße mit den beiden kleinen Kindern auf, die links und rechts von ihm gingen und ihre Hand auf seinen Rücken gelegt hatten. Der Hund ging so langsam, dass ihre kurzen Beine mithalten konnten, während die Kinder ihm erzählten, was sie an diesem Tag in der Schule alles gemacht hatten. Er brachte sie ins Haus und hinauf in ihre Wohnung.

Jeder in unserer Straße kannte den Hund und wusste, dass er die Kinder sicher nach Hause brachte. Ich rätselte, wie das Ganze wohl angefangen hatte. Vielleicht hatte die Mutter die Kinder früher selbst zur Schule gebracht, und als es ihr mit der Zeit immer schlechter ging, hatte sie die Aufgabe dem Hund überlassen. Er kannte auch die genaue Uhrzeit.

Der Hund hätte sich nicht um die Kinder zu kümmern brauchen, aber er tat es trotzdem. Er hätte weglaufen und einen besseren Halter finden können, oder er hätte ein Streuner werden und die Verantwortung für die Kinder hinter sich lassen können. Ich glaube jedoch, dass ihm dieser Gedanke gar nicht kam. Die Kinder und ihre Mutter waren sein Rudel, das er so gut er konnte versorgte.

Als ich viele Jahre später die Rede des wundervollen Bill Jordan im jährlichen Tiergottesdienst der Spiritual Mission, des Spiritisten Zentrums in London, hörte, erinnerte ich mich wieder an das Mitgefühl dieses Lurchers. Bill ist ein Tierarzt, dem für seine langjährigen Dienste im Tierschutz und in internationalen Wildtier-Schutzorganisationen der Ritterorden verliehen wurde. Er ist schon viel in der Welt herumgekommen und hat über das Wohl der Tiere berichtet, um bei Kampagnen gegen Stierkämpfe, das Erschlagen von Seehunden und den Pelztierfang mitzuhelfen, und kann selbst ein Lied über Mitgefühl singen. Er und mein Freund Roz organisierten den jährlichen Tiergottesdienst in Notting Hill, um Spenden für lokale und internationale Tierschutzorganisationen zu sammeln und die Leute über artgerechte Tierhaltung aufzuklären. Jeder brachte sein Haustier mit – Hunde, Katzen, Meerschweinchen, Vögel in Käfigen und einmal sogar eine Königsboa –, und alle Tiere verhielten sich während des Gottesdienstes ruhig. Es war eine tolle Atmosphäre – kein Tier winselte oder griff ein anderes an, sondern alle blieben friedlich. Der Gottesdienst war äußerst beliebt und wurde jedes Jahr größer. An die folgende Geschichte, die Bill uns erzählte, kann ich mich noch gut erinnern:

Auf einer seiner Reisen nach Übersee beobachtete Bill einen Elefanten, der zur Verlegung der Bodenplatte eines Gebäudes benutzt wurde. Auf Befehl seines Halters hob er mit dem Rüssel einen riesigen Holzpfeiler hoch, stellte ihn senkrecht und ließ ihn vorsichtig in ein Loch sinken.

Alles lief wie am Schnürchen, doch plötzlich hielt das riesige Tier inne. Sein Halter schlug es und schrie es an, aber es rührte sich nicht. Es hielt den Holzpfeiler fest und weigerte sich, ihn im Loch zu versenken. Alle fluchten und schrien, zogen und zerrten am Elefanten, doch er ging keinen Schritt weiter.

Irgendwann schaute jemand im Loch nach, um zu sehen, ob irgendetwas drin war, was dem Elefanten Angst machte. Auf dem Boden des tiefen Lochs hockte ein Kätzchen, das offensichtlich hineingefallen war. Hätte der Elefant den Holzpfeiler im Loch versenkt, dann wäre das Kätzchen zermalmt worden. Die Bauarbeiter holten die kleine Katze vor den Augen des Elefanten aus dem Loch heraus. Daraufhin konnten sie die Arbeit fortsetzen, und der Elefant tat wieder alles, was ihm befohlen wurde.

Sagen Sie mir, warum sollte das Kätzchen dem Elefanten irgendetwas bedeuten? Schließlich stellt ein Kätzchen für einen Elefanten kein Beutetier dar, und die Katze konnte ihm auch nicht helfen oder irgendwie nützlich sein. Und die Elefantendame Nellie konnte unmöglich eine Katze für einen anderen Elefanten halten. Was Bill mit angesehen hatte, war das für Tiere typische Mitgefühl, ein Mitgefühl, das den Elefanten zur völligen Verbundenheit mit der Katze und der Sorge, ihr wehzutun, befähigte. Sobald der Elefant gemerkt hatte, was los war, konnte er gar nicht anders, als das Kätzchen zu beschützen.

Viele mediale Menschen, die ich kenne, haben Haustiere, die sich offensichtlich gern in ihre Arbeit einbringen. Hunde und Katzen sind hervorragende Therapeuten, auch wenn sie kein Abschlusszeugnis vorweisen können. Ich sperre meine Hunde nicht aus dem Zimmer aus, wenn jemand mich wegen eines Readings aufsucht, es sei denn, mein Klient hat Angst vor Hunden oder eine Haustierallergie.

Einmal gab ich einer Schauspielerin ein Reading bei mir zu Hause. Sie war schwarz gekleidet, und so riet ich ihr, meinen Hund Meg nicht an sich heranzulassen, weil sonst überall an ihrer Kleidung weiße Hundehaare kleben würden. Sie sagte jedoch, ich solle mir keine Gedanken darüber machen, da sie Hunde liebe. Während des Readings wurde sie von Gefühlen überwältigt und fing an zu weinen. Mir fiel ein, dass uns die Papiertaschentücher ausgegangen waren, und es war mir peinlich, dass ich dieser eleganten Dame nur ein paar Stück Klopapier zum Trocknen ihrer Tränen anbieten konnte! In diesem Augenblick tat Meg etwas, was sie noch nie in einem Reading getan hatte: Sie sprang der Frau auf den Schoß und leckte ihr die Tränen ab. Ich sagte meiner Klientin, sie solle den Hund einfach auf den Boden setzen, doch sie schüttelte den Kopf: »Nein, lassen Sie sie ruhig – das ist das Beste, was sie tun kann!«

Auch wenn Meg ein echter Hund ist, ist sie zugleich das liebevollste Haustier, das ich jemals hatte. Ihre zärtliche Zuneigung zu Menschen wächst von Tag zu Tag und wärmt einem das Herz. Lassen Sie sich jedoch nicht von der rührenden Geschichte blenden – sie ist immer noch so wenig zu bändigen wie ein Sack Flöhe.

Auch Frechdachs Charlie kannte seine Rolle bei einem Sitting, noch bevor ein Klient unsere Haustür erreicht hatte. Normalerweise bellte er, wenn sich Fremde unserer Wohnung näherten, aber wenn jemand wegen eines Readings kam, machte er keinen Muckser, und auch dann nicht, wenn der Klient klingelte. Er hatte sein eigenes kleines Ritual: Er folgte uns von der Haustür bis zum Stuhl, und wenn der Besucher sich hinsetzte, legte er ihm den Kopf aufs Knie und sah ihm in die Augen. Dann musste ich den Klienten beruhigen, indem ich ihm sagte, dass der Hund das bei allen tat und sich bald hinlegen würde. Er legte sich dann tatsächlich zu Füßen des Klienten, als wollte er ihn durch seine Gegenwart trösten, und blieb bis zum Ende des Readings liegen, ohne sich von irgendetwas ablenken zu lassen.

Ein Reading werde ich nie vergessen, und ich glaube, meine Klientin auch nicht. Als sie kam, wirkte sie völlig aufgelöst, und sobald sie sich im Sessel niedergelassen hatte, zitterte ihr Mund und sie fing an zu schluchzen. Jim versuchte, sie in den Arm zu nehmen, und bot ihr einen Tee oder ein Glas Wasser an, aber sie weinte nur noch heftiger – so heftig, dass sie kein Wort herausbrachte. Ihr ganzer Körper wurde von dem Schluchzen ergriffen. Ich versuchte, sie zu beruhigen und dazu zu bringen, sich zu entspannen, während Jim hinausrannte, um Taschentücher zu holen, aber es nützte nichts – sie konnte nicht aufhören zu weinen. Jim und ich zischten uns draußen auf dem Flur zu: »Was sollen wir bloß machen? Sie hat einen Weinkrampf!« Dann eilten wir wieder ins Zimmer und tätschelten ihr den Rücken. Charlie war es, der die Sache beendete. Er hatte die ganze Zeit über vor ihr gesessen und sie beobachtet. Jetzt stand er auf und – nun ja, es lässt sich nicht elegant umschreiben – besprang ihr Bein, als wäre sie eine läufige Hündin. Schockiert rannten wir hin, um ihn von ihrem Bein wegzuziehen, doch die Frau schaute Charlie zu, der ihren Unterschenkel bearbeitete, und aus ihrem Schluchzen wurde schallendes Gelächter. Sofort ließ Charlie von ihrem Bein ab, wandte sich mir und Jim zu, als wollte er sagen: »Seht ihr? Mehr war nicht nötig«, und trollte sich aus dem Zimmer, als wäre nichts geschehen. Da mussten auch wir lachen. Alle drei lachten wir, bis uns die Tränen übers Gesicht strömten und uns der Bauch wehtat. Auf den frechen Charlie war halt Verlass!

Mein Freund, das Medium Billy Cook, nahm früher seinen besten Freund Tilbury, einen winzigen schwarzweißgrauen Lhasa-Apso Jack-Russell-Mischling, überall mit. Tilbury war der kleinste seines Wurfs gewesen, doch er hatte eine starke Persönlichkeit, die seine zarte

Gestalt wieder ausglich, und wurde Billys treuester Freund. Er reiste mit Billy durchs ganze Land, während Billy spiritistische Kirchen besuchte, und er war gerne bei den Gottesdiensten dabei. Wenn die Gemeinde schön sang, heulte Tilbury mit, und wenn ihm ihr Gesang nicht zusagte, richtete er sich auf und bellte sie an. Er bellte auch immer in genau dem Moment, in dem Billy seine Vorführung beenden sollte – was äußerst nützlich war, weil Billy kein Ende fand!

Bei privaten Readings war Tilbury sogar noch intuitiver. Er spürte immer, ob der Klient, der zur Tür hereinkam, wirklich trauerte oder sich nur aus Neugier einen Termin hatte geben lassen, der jemand anderem wirklich geholfen hätte. Wenn Klienten nur gekommen waren, um ihre Neugier zu befriedigen, musterte er sie kurz und trottete dann weg. Wenn er fühlte, dass sie verzweifelt waren und sich kaum noch zusammenreißen konnten, sprang er auf ihren Schoß und leckte sie ab.

Billy erzählt immer wieder von einer Klientin, bei der Tilbury wirklich mitgeholfen hat. Eines Tages kam eine junge Frau zu Billy, die so elend und hager aussah, dass Billy sie für eine Drogenabhängige hielt. Drogensüchtige haben ernste Probleme und viele Baustellen, aber es fällt einem Medium schwer, ihnen zu helfen, wenn sie schon in ihrer eigenen Welt leben. Daher zweifelte Billy stark, ob er der jungen Frau helfen könnte, doch Tilbury tat es offensichtlich nicht. Er wich ihr nicht von der Seite und folgte ihr überallhin. Als sie sich hinsetzte, kletterte er auf ihren Schoß. Also gab Billy ihr eine Chance, und schon zu Beginn des Readings wurde ihm klar, dass der kleine Hund richtig gelegen hatte. Die junge Frau war nicht drogensüchtig, sondern hatte einen geliebten Menschen verloren und war durch den Verlust magersüchtig geworden. Selbst mit seiner medialen Intuition hatte Billy es nicht geschafft, sich in sie hineinzufühlen, doch Tilbury hatte Verbindung zu ihr aufgenommen und dafür gesorgt, dass sein Besitzer ihr helfen würde. Er war ein Hund mit echten medialen Fähigkeiten.

Hunde werden oft der beste Freund des Menschen genannt, während Katzen den Ruf haben, konzentriert und abweisend zu sein. Kevin Wiggili in Südafrika kann sich nicht nur glücklich schätzen, weil er den Hund Bonnie hat, sondern auch, weil er der Besitzer einer Katze namens Garfield ist. Garfield hat gezeigt, wie dumm diese Meinung über Katzen ist, indem er sich als hervorragender Krankenpfleger von Kevins Frau erwiesen hat. Hier ist Kevins Schilderung:

> *An einem zweiten Weihnachtstag, auf den auch der Geburtstag meines Sohns Darren fiel, kam Darren mit einem kleinen schwarzen Kätzchen an, das gerade erst die Augen geöffnet hatte. Er sagte: »Seht mal, was ich zum Geburtstag geschenkt bekommen habe.« Irgendjemand hatte das Kätzchen auf dem Rasen ausgesetzt, und Darren hatte es gefunden. Wir konnten ihm daher natürlich nicht verbieten, die Katze zu behalten. Er nannte sie Garfield.*
>
> *Garfield hatte ein ausgeprägtes Mitgefühl für andere Lebewesen. Als meine Frau Julie an Eierstockkrebs erkrankte und sehr unter der Chemotherapie litt, wurde Garfield zu ihrer ständigen Begleiterin und leistete ihr fast den ganzen Tag über auf ihrem Bett Gesellschaft. Ich mag es zwar nicht, wenn Tiere auf Möbeln liegen und schon gar nicht Katzen, die nachts im Bett schlafen, doch Julie ging es so schlecht, dass sie fast schon bettlägerig war, und die Katze war ein großer Trost für sie.*

Wenn sie auf die Toilette musste, klingelte sie mit einem Glöckchen, und wenn wir zu Hause waren, hörten wir das Klingeln und halfen ihr beim Toilettengang. Wir haben ein großes Haus, und es liegen ungefähr 25 Meter zwischen Julies Zimmer und dem Gästezimmer, in dem der Rest der Familie eines Abends fernsah. Das war eine Woche vor Julies Tod.

Wir saßen vor dem Fernseher, als Garfield plötzlich schreiend ins Zimmer schoss, als würde sie vor einem glühenden Schürhaken wegrennen. Natürlich sprangen wir alle auf, um zu sehen, was sie hatte, doch sie ließ sich nicht einfangen. Stattdessen rannte sie immer wieder schreiend in die Richtung von Julies Schlafzimmer. Das tat sie so lange, bis wir Julies Zimmer erreicht hatten; dann verstummte sie. Erst da merkten wird, dass Julie nicht im Bett lag – sie war hinausgefallen und lag schmerzverkrümmt auf dem Fußboden, doch sie war so schwach, dass sie weder nach der Klingel greifen noch um Hilfe rufen konnte. Garfield hatte genau gewusst, was zu tun war. Und dabei heißt es, Tiere könnten nicht sprechen!

Meiner Meinung nach zeigen die Geschichten von Garfield, Tilbury und Bills Elefant, dass alle Lebewesen Mitgefühl haben.

Tiere können zwar nicht unsere Gedanken lesen, aber sie können unsere Gefühle spüren, und das können sie wunderbar. Wir Menschen sind darin nicht besonders gut, weil wir versuchen, unsere Gefühle indirekt zu kommunizieren. Wir sagen: »Ja, mir geht's gut«, während uns unser Bauchgefühl sagt, dass wir uns eigentlich schrecklich fühlen, und unser Gegenüber denkt dann: »Er sieht elend aus, aber er sagt ja, dass es ihm gutgeht, also belasse ich es dabei. Außerdem könnte er sonst denken, ich wolle mich einmischen.« Tiere wissen einfach, wenn wir uns schlecht fühlen, und in ihrer Unschuld kommen sie ohne Umwege zu uns, um uns zu trösten. Ihnen kommt nicht der Gedanke, sich zurückzuhalten für den Fall, dass wir keine Aufmerksamkeit wollen – sie denken überhaupt nicht darüber nach. Das ist ihre innere Reinheit. Sie können uns nichts vorspielen, und wenn sie unsere Gefühle spüren, müssen sie handeln.

Als ich im April 2008 in Südafrika arbeitete, berichtete Philippa Johnson mir über ihre Erfahrungen mit einem Pferd, das ihr half, als ihr Leben völlig auf dem Kopf stand:

> *Ich reite und arbeite schon mein ganzes Leben lang mit Pferden und war als Kind mit einem eigenen Pony gesegnet, doch leider konnten sich meine Eltern kein Pferd für mich leisten. Das war aber kein Problem, denn mein Onkel besaß einen großen Pferderennstall, und da gab es immer Pferde, mit denen gearbeitet werden musste. So konnte ich mein Können als Reiterin schulen und hoffte, eines Tages in Dressurturnieren auf der höchsten Stufe mitzumachen.*
>
> *Als ich einundzwanzig wurde, sagten mir meine Eltern, sie würden mich beim Kauf eines Pferds unterstützen, und mein Bruder Brett entdeckte in einer Fachzeitschrift eine interessante Anzeige, in der ein junger Warmblüter angeboten wurde. Ich rief unter der Nummer an. Die Besitzerin des Pferdes sagte, wir könnten gerne vorbeikommen und uns das Pferd ansehen. Sie erwähnte noch, sie bevorzuge es, ihre Pferde »schlank« zu halten, da zu viel Protein schlecht für ihre Gelenke sei.*

Mein Vater und ich fuhren hin. Nach unserer Ankunft wurden wir in einen muffigen dunklen Kuhstall geführt, in dem ein großer zweieinhalb Jahre alter Warmblüter stand. Man konnte all seine Knochen sehen und er war so dünn, dass es so wirkte, als würden seine Hüftknochen gleich durch die Haut heraustreten. Wir brachten ihn hinaus ins Freie.

Er war gerade erst an einen Sattel gewöhnt worden, und daher fingen wir langsam an. Ich legte mich erst quer über den Sattel, bevor ich mich mit meinem ganzen Gewicht auf ihn setzte. Dann ging und trabte ich mit ihm auf einer kleinen Lichtung in der Steppe umher. Mehr konnte ich nicht tun, weil er noch nicht ausgebildet war und auch weil es nicht mehr Platz gab.

Auf der Rückfahrt sagte mein Vater: »Dieses Pferd hat die drei Dinge, die du bei einem Dressurpferd sehen willst: Rhythmus, Temperament und Kadenz.« Ich dachte: »Entweder ist er jetzt übergeschnappt, oder er hat zu viel Vertrauen in mein Können, wenn er glaubt, ich könnte aus dem armen Tier einen Dressurweltmeister machen.« Wir unterhielten uns weiter, und mein Vater wies mich darauf hin, dass, selbst wenn ich ihn nur für ein Jahr behielt und es mit ihm nicht funktionierte, die Trainingsstunden, die ich in ihn investierte, seinen Wert steigern würden, und dann könnte ich mir mit dem Geld ein anderes Pferd kaufen. Also beschlossen wir, den jungen Warmblüter von unserem Tierarzt untersuchen zu lassen.

Am Abend rief der Tierarzt an und teilte uns mit, dass das Pferd noch am selben Abend gestorben wäre, wenn er es nicht behandelt hätte, da es eine schwere Gallenentzündung hatte. Seine Besitzerin hatte gar nicht gemerkt, dass mit ihm etwas nicht stimmte! Wir wollten ihn auf dem Hof meines Onkels gesundpflegen, aber als mein Vater und mein Onkel ihn bei der Frau abholten, mussten sie seine Hinterbeine anheben und ihn fast in den Anhänger hieven, so schwach war er.

Er blieb so lange bei meinem Onkel, bis er wieder vollständig gesund war, denn wir hatten beschlossen, ihn der Halterin abzukaufen. Wir hatten ihn nicht kastrieren lassen, damit sein Testosteronspiegel ihm die nötige Kraft zur Genesung geben würde. Auch nach seiner Genesung war er immer noch so sanft, dass wir das auch nicht mehr änderten. Sein Name war Sundowner Kingpin – alias Boyzie.

Ende Oktober 1981 hatte ich einen Autounfall, bei dem ich meinen Bruder und meinen Freund verlor. Ich selbst trug schwere Verletzungen an meiner rechten Seite davon und war längere Zeit bewusstlos. Mein Dressurcoach sorgte dafür, dass das Erste, was ich beim Wiedererlangen des Bewusstseins zu Gesicht bekam, ein Foto von Boyzie war.

Ich konnte meine rechte Seite nicht mehr bewegen, und die Ärzte teilten mir mit, dass ich nie mehr reiten würde, da ich meinen rechten Arm nicht mehr benutzen konnte. Sie waren nicht sicher, ob sich mein rechtes Bein jemals wieder erholen würde. Zum Glück kam langsam wieder etwas Gefühl im rechten Bein zurück, und eines Abends im Krankenhaus versprach ich meiner besten Freundin zwei Dinge. Ich sagte, ich würde am nächsten Wochenende wieder laufen können (zu diesem Zeitpunkt konnte ich mich noch nicht einmal im Bett aufrichten, ohne zu spucken und das Bewusstsein zu verlieren), und ich würde bis zum 1. Januar 1999 wieder im Sattel sitzen.

Am Mittwoch lief ich zum ersten Mal in der Reha-Klinik am Barren, und am 1. Januar setzte ich mich mit viel Unterstützung anderer wieder auf Boyzie, der sich mittlerweile zu einem stattlichen Hengst entwickelt hatte. Mein Vater führte mich langsam, und wir drehten zwei Runden durch die Halle. Da wusste ich, dass die Ärzte sich geirrt hatten: Ich würde wieder reiten.

Bevor ich jedoch richtig loslegen konnte, brauchte ich eine Nerventransplantation. Das bedeutete, dass ich meine Pläne für mehrere Monate auf Eis legen musste, doch als ich mit dem Reiten wieder anfing, verhielt sich Boyzie vorbildlich. Jedes Mal, wenn ich das Gleichgewicht verlor und nach vorne kippte (da sich meine Muskeln auf der rechten Seite noch nicht wieder aufgebaut hatten), blieb er stehen und wartete, bis ich mich wieder aufgerichtet hatte. Erst dann ging er vorsichtig weiter. Unsere Fortschritte waren extrem mühsam. Vor dem Unfall war ich eine junge Profireiterin gewesen und hatte vorgehabt, nach Deutschland zu gehen, um dort mit einigen der Besten im Dressursport zu trainieren – und nun konnte ich auf meinem Pferd kaum gerade sitzen.

Boyzie nahm meine ganze Wut und Frustration zwar auf, doch er ließ sich nie davon herunterziehen. Ein Jahr nach dem Unfall nahmen wir an unserem ersten Reitturnier teil. Ich hatte uns beide auf dem untersten Level anmelden müssen, aber wir gewannen und wollten natürlich beide noch mehr erreichen. Daher meldete ich uns für ein weiteres Turnier drei Wochen später an.

Am Tag vor dem Reitturnier wollte ich gerade anfangen, mit Boyzie zu trainieren, als mein Coach fragte, ob ich Hilfe brauchte. Natürlich dachte ich zu diesem Zeitpunkt, ich könnte alles alleine schaffen, und versuchte aufzusteigen, ohne dass mein Coach Boyzies Kopf festhielt. Er machte zwei Schrittchen nach vorne, und das reichte schon aus, um mich aus dem Gleichgewicht zu bringen. Ich stürzte ungeschickt nach hinten und prallte gegen die Wand der Reithalle. Ich weiß nicht, wer mehr erschrak, ich oder Boyzie – in all den Jahren, seit ich ihn hatte, war ich noch nie von ihm heruntergefallen – doch ich war durch den Sturz ernsthaft verletzt und konnte mich nicht bewegen. Mein Coach versuchte, die Ruhe zu bewahren und mir zu helfen, doch jedes Mal, wenn sie sich mir näherte, schubste Boyzie sie weg. Am Ende musste sie ihn erst zurück in seinen Stall bringen und konnte erst dann Hilfe holen.

Ich hatte mir mehrere Rippen gebrochen und durfte die nächsten sechs Monate lang nicht reiten. So bald nach dem Autounfall war das eine schreckliche Vorstellung, doch ich konnte nichts dagegen tun. Stattdessen wollte ich das tun, was ich tun konnte. Nur weil ich Boyzie nicht reiten durfte, hieß das noch lange nicht, dass ich nicht mit ihm arbeiten konnte. Ich wollte »Join-up« – eine Methode des ersten Pferdeflüsterers Monty Roberts – ausprobieren. Dabei lässt man das Pferd frei und wendet so lange Körpersprache an, bis das Pferd voller Vertrauen von selbst zu einem zurückkommt und mit einem zusammenarbeitet.

Die Ergotherapeutin Lisa, die ich engagiert hatte, praktiziert Join-Up mit den Pferden und Ponys, die sie für Therapiereiten verwendet; daher bat ich sie um Unterstützung. Wir brachten Boyzie in die Reithalle und ließen ihn dort frei laufen. Dann führte Lisa ein erfolgreiches Join-Up mit ihm durch. Als ich an der Reihe war, lief alles wie am Schnürchen – bis zu dem Moment, in dem Boyzie auf mich zugehen sollte. Doch völlig überraschend schwenkte er den Kopf und galoppierte weg. Das passierte mehrmals.

Schließlich sagte Lisa: »Irgendwas steht zwischen euch, was ihr erst noch auflösen müsst. Er ist zwar zum Join-Up bereit, aber irgendwas hält ihn zurück.«

In dieser Zeit arbeitete ich mit einem hervorragenden Heiler zusammen. Steve wandte Muskeltests an, um herauszufinden, was mich nicht heilen ließ. Auf meine Bitte hin erklärte er sich zu einem Versuch mit Boyzie bereit, obwohl er noch nie mit Tieren gearbeitet hatte.

Wir gingen zusammen zu den Ställen. Als Erstes fragte er Boyzie, ob ich als seine Stellvertreterin fungieren dürfte, und Boyzie stimmte zu. Ich stellte mich mit der rechten Schulter neben seine Schulter und nahm meinen linken Arm für den Test. Zuerst prüften wir, ob es irgendein körperliches Problem gab, aber wir fanden nichts.

Boyzie stand mit gesenktem Kopf mitten in seinem Stall und kaute – ein Zeichen, dass er entspannt war und uns vertraute. Als Steve wieder anfing zu testen, wies er mich an, den Sturz zu visualisieren. In der Sekunde, in der ich den Sturz vor Augen hatte, schoss Boyzies Kopf hoch, und er rannte auf die andere Seite des Stalls, verdrehte die Augen und schnaubte.

Steve begriff sofort, was los war. »Das ist das Problem – er will kein Join-Up mit dir, denn wenn er dich zu seiner Leitperson macht, kann er dich als Hengst nicht mehr beschützen.« In der Wildnis übernimmt der Hengst die Aufgabe, seine Herde zu beschützen, und genau das tat Boyzie auch mit mir.

Nach meinem Unfall gab es viele schwierige Situationen für Boyzie und mich, doch seine Loyalität zu mir ließ nie nach. Vielleicht habe ich ihn als junges Pferd gerettet, aber er hat mich auch gerettet, und dafür kann ich ihm gar nicht genug danken.

Philippa gewann später bei den Paralympics im Jahr 2004 nicht nur eine, sondern sogar zwei Silbermedaillen.

Meinem Gefühl nach ist Boyzie eine hochentwickelte Seele; er zeigt zwei der höchsten sensitiven Eigenschaften: Weisheit und Mitgefühl. Es gibt nicht viele Menschen, die beides in sich vereinen.

Wenn wir uns mit unseren Tieren näher beschäftigen, dauert es nicht lange, bis wir in ihnen – genau wie bei Menschen – alle Levels dieser tollen Eigenschaften erkennen können. So wie wir auch Menschen begegnen, die im Leben ein erstaunliches Mitgefühl zeigen – ob in ihrem Pflegeberuf oder wenn ihr Umfeld zu Schaden kam –, begegnen wir auch Tieren, die wirklich außergewöhnlich sind. Terry Davis aus Llanelli in Wales kannte ein solches Tier:

Patch war ein Mischling, der sechzehn Jahre zu unserer Familie gehörte. Er war immer für mich da, wenn ich ihn brauchte, und passte gut in unseren Haushalt, in dem noch drei Katzen und später eine zweite Hündin namens Tia lebten.

Meine Mutter wohnte in einem Terrassenhaus auf der anderen Straßenseite. Sie war mit einer lieben Nachbarin namens Rose befreundet, die allein lebte und Tiere liebte. Rose war eine von vier Menschen, die Patch regelmäßig heimlich besuchte – was immer wir auch taten, er fand immer den Weg zu ihnen. Wir machten uns um ihn Sorgen, weil er die Straße überqueren musste, aber man konnte ihn unmöglich von seinen Besuchsterminen abhalten! Er behielt diese tägliche Routine in seinen letzten sechs Lebensjahren bei und war ein Segen für die vier alten Leute. Er munterte sie auf und tröstete sie.

An zwei verschiedenen Tagen blieb er jedoch in seinem Körbchen liegen. Später am Tag riefen mehrere seiner Freunde uns an oder kamen vorbei, um zu fragen, ob mit ihm alles in Ordnung sei, und das schien es auch. Wie sich herausstellte, waren das die Tage, an denen meine Mutter und Rose verstarben. Patch hatte es offensichtlich noch vor uns gewusst.

Auch im hohen Alter versuchte er weiterhin, seine täglichen Runden zu drehen, was ihm nicht immer gelang. Seine pensionierten Freunde riefen jeden Tag bei uns an und erkundigten sich danach, wie es Patch ging. Damit bezeugten sie seine Treue. Was er in seinem Leben für diese Menschen getan hatte, war unbezahlbar, denn sie brauchten dringend seine Gesellschaft. Wir lernten von Patch, uns unser Verhalten gegenüber Freunden näher anzusehen.

Natürlich sind nicht alle Hunde wie Patch, aber es sind auch nicht alle Menschen wie Mutter Theresa! Wir alle haben jedoch die Fähigkeit, über das, was von uns erwartet wird, hinauszugehen – und genau das tat Patch. Ein Zyniker würde wohl sagen, dass er nur auf ein oder zwei Hundekekse extra aus war, aber das bezweifle ich. Wäre es nur eine Pawlowsche Reaktion gewesen, dann hätte er auch nach dem Tod seiner Freunde nach Leckerchen gesucht. Der Hund diente einfach anderen, so wie Ehrenamtliche alte Leute in einem Seniorenheim besuchen oder Schulkindern in ihrer Freizeit bei den Hausaufgaben helfen. Er war etwas Besonderes; über einen Hund wie ihn würden die Tibetaner sagen, dass er ein Bewusstsein hatte, das ihm im nächsten Leben die Wiedergeburt als höher entwickeltes Wesen gewährt. Er schenkte reine Liebe und war ein mitfühlendes Wesen, und, wie Terry sagt, wenn ein Hund das kann, müssen wir Menschen darüber nachdenken, was wir zu bieten haben.

Kapitel 4

Freundschaften unter Tieren

Eine Freundin erzählte mir einmal eine Geschichte, die ich nie vergessen werde. Sie besaß einen Reitstall mit vielen Pferden, darunter auch ein sehr altes Shetlandpony. Als das Pony zu lahmen anfing, holte sie den Tierarzt. Er sagte, es tue ihm leid, aber das Bein des alten Ponys sei gebrochen und er könnte nichts mehr für das Tier tun. Das Beste wäre es, es zu erlösen.

Meine Freundin und die Tierpfleger nahmen liebevoll unter Tränen von dem Pony Abschied. Dann traten sie zurück, während einer von ihnen es aus seinem Stall herausführte. Sie wollten es etwas weiter weg hinter eine Scheune bringen, damit die anderen Pferde sein Ende nicht mit ansehen mussten und beunruhigt würden. Doch dann geschah etwas Außergewöhnliches.

Als die anderen Pferde hörten, wie ihr alter Freund weggeführt wurde, kamen sie alle zur Vorderseite ihrer Ställe und begannen, auf den Boden zu stampfen und gegen die Stalltüren zu schlagen, so als würden sie im Gleichschritt marschieren. Sie beachteten die herumstehenden Leute nicht, sondern warfen die Köpfe hoch. Das ohrenbetäubende Trommeln wurde immer lauter und lauter, je mehr sich das Pony entfernte. Im selben Moment, in dem es eingeschläfert wurde, stießen alle anderen Pferde einen gespenstischen Schrei aus. Wie meine Freundin berichtete, war der Schrei schriller als alle Geräusche, die sie sie je hatte machen hören. Er klang fast wie ein spitzer Aufschrei. Sie hatte die Pferde nie zuvor und auch seitdem nie wieder so schreien gehört. Die Tiere wussten eindeutig, dass das Pony nun sterben würde. Wollten sie ihm Mut zurufen, weil sie spürten, dass es Angst hatte? Oder trauerten sie um das Pony? Und warum sollte der Tod des alten Ponys den Pferden etwas ausmachen?

Als Medium arbeite ich meistens mit Menschen; Tiere tauchen nur in der Verbindung zu den Menschen auf, die sie in ihrem irdischen Leben geliebt haben. Natürlich kann ich keinem Tier eine Botschaft überbringen, auch wenn ich mir beim ersten Tiergottesdienst der Londoner Spiritual Mission, den ich abhielt, einen Spaß erlaubte. Alle waren ganz still. Also stellte ich mich vor und sagte, ich würde mich auf die geistige Welt einstimmen. Ich tat so, als hätte ich eine Verbindung aufgenommen und fing an zu nicken. Dann ging ich zu einem schwarzen Labrador in der ersten Reihe und sagte: »So etwas habe ich noch nie erlebt! Ich habe eine Nachricht von deiner Mutter. Sie sagt, du hast sechs Schwestern, und ihr seht euch alle sehr ähnlich.« Der Hund legte den Kopf schräg und sah mich an. Niemand sagte etwas. Alle waren ganz bei der Sache. Ich musste ihnen gestehen, dass ich mir nur einen Scherz erlaubt hatte. Vielleicht hätte ich stattdessen so tun sollen, als wäre ich in Trance, und hätte bellen sollen!

Nur weil ein Medium keine Botschaft eines Tiers aus der geistigen Welt an ein Tier auf der irdischen Ebene überbringen kann, bedeutet das noch lange nicht, dass Tiere nicht miteinander kommunizieren können. Schließlich haben wir schon beobachtet, wie Tiere telepathisch miteinander kommunizieren und die Trauer oder Freude des anderen Tiers spüren können. In den folgenden beiden Geschichten bestand ein ganz besonderes Band zwischen zwei Haustieren, das den

Tod überdauerte. Die erste Geschichte stammt von Roy McKeag aus Beith in Ayrshire, Schottland:

Ich hatte früher zwei Border Collies – Bess und Sonny. Bess war Sonnys Mutter. Sie waren beide hochintelligente und erstaunliche Hunde. Ich nahm sie überall mit, und wenn sie nicht mitkommen konnten, dann ging ich auch nicht hin. Den anderen Leuten fiel immer auf, wie gut erzogen und was für großartige Persönlichkeiten sie waren.

Abends saßen meine Hunde und ich meist im Wohnzimmer. Bess lag auf einem Teppich vor dem Heizkörper unter dem Fenster, und ich saß auf der anderen Seite des Zimmers im Sessel neben dem Kamin. Sonny lag mir immer zu Füßen.

Als Bess ganz plötzlich an Leber- und Nierenversagen starb, waren Sonny und ich am Boden zerstört. Noch nie zuvor hatte ich ein Tier gesehen, das so auf den Tod eines anderen Tiers reagierte. Sonny rannte jaulend im Garten herum, was er vorher noch nie getan hatte. Er trauerte furchtbar um sie. In den Tagen nach Bess' Tod wurde er sehr apathisch.

Ein paar Wochen später saß ich wieder einmal vor dem Kamin, Sonny zu meinen Füßen, als er plötzlich auf die Füße sprang und die Tür anstarrte. Er sah immer wieder mich an und dann die Tür. Er wirkte verwirrt. Ich spürte auch, dass Bess an der Tür stand.

Dann wanderte Sonnys Blick langsam zum Heizkörper, so als würde er zusehen, wie Bess wie früher durchs Zimmer ging. Nun schaute er unverwandt auf den Heizkörper. Dann wandte er sich mir zu und sah wieder mit verwirrtem Blick zum Heizkörper hin. Schließlich ging er zum Heizkörper und schnüffelte ausgiebig daran. Dann kam er zu mir zurück und legte sich wieder hin, doch den ganzen Abend über behielt er den Heizkörper im Blick. Das wiederholte sich in den nächsten Wochen mehrmals.

Sonny wurde langsam wieder er selbst, und die Abende, an denen er zusah, wie »Bess« sich auf ihren alten Stammplatz legte, wurden weniger. Wie Bess uns gezeigt hatte, war ihr Geist noch bei uns, und ich bin sicher, dass Sonny das an diesen Abenden mitbekommen hatte.

Auch Sonny ist mittlerweile von uns gegangen, doch ich spüre noch oft seine Gegenwart und die seiner Mutter, wenn ich draußen auf den Hügeln spazieren gehe, wo sie so gerne umhergerannt sind, oder wenn ich an einem Winterabend still vor dem Kamin sitze.

Natürlich spüren Tiere den Schmerz und die Trauer anderer Tiere, wenn diese verletzt oder krank sind oder in die geistige Welt übergehen, und wie viele Menschen können auch sie die Gegenwart ihrer Freunde nach deren Tod immer noch fühlen. Im Gegensatz zu uns erkennen Tiere dies jedoch als Tatsache an und reagieren darauf. Dann setzen sie ihr alltägliches Leben fort. Die Wahrnehmung, Reaktion und Akzeptanz sind die Schlüssel zu solchen Ereignissen und zur Überwindung der Trauer. Sonny lief nicht jammernd herum. Stattdessen ließ er es einfach zu. Und ich bin sicher, das Wissen, dass seine Mutter noch an ihrem Lieblingsplatz war, tröstete ihn.

Auch die zweite Geschichte kommt aus meiner Gegend. Ich lernte Dawn Murry in Perthshire kennen, als auf einem Tierfriedhof mitten in der Natur ein Dokumentarfilm über Trauer gedreht wurde. Es war ein herrlicher Tag, und zwei rote Drachen flatterten über unseren

Köpfen. Ich war von ihrer Arbeit als Bestatterin von Haustieren fasziniert, und ihre mitfühlende Herzlichkeit beeindruckte mich auf Anhieb.

In ihrem Zuhause in den Borders organisiert Dawn den würdigen Abschied von Haustieren, deren Besitzer häufig mit der nackten Realität konfrontiert werden, dass ihr verstorbenes Tier, das jahrelang ein Teil der Familie war, in einen anonymen Verbrennungsofen geworfen wird. Sie nutzt auch ihre therapeutische Ausbildung, um Menschen zu trösten, und bietet ihren Beistand an, wenn ein Tier eingeschläfert werden muss. Viele Leute schämen sich oder halten es für falsch, um ein Tier zu trauern, und es ist eine große Erleichterung für sie, wenn Dawn dabei ist und ihnen sagt, dass es ganz normal ist, wenn sie das Gefühl haben, ihr Herz wäre gebrochen.

In dieser Geschichte kommen ein paar schlimme Jungs vor, die zufällig Tiere sind: zwei Staffordshire Bullterrier. Man könnte jetzt natürlich sagen, dass ihr Verhalten und alles, was ich über Tiere als Wesen der geistigen Welt und höhere Seelen geschrieben habe, Quatsch sei, aber das wäre natürlich die falsche Schlussfolgerung. So wie nicht jeder Mensch Mutter Theresa ist, kann auch nicht jeder Hund wie Patch sein. Vielleicht lernen manche von ihnen – wie ihre menschlichen Gegenstücke –, mit dem untersten Teil ihres Bewusstseins zu denken und zu handeln. Die Katze, die mit einer Maus spielt, oder der Killerwal, der einen Seelöwen quält, befindet sich auf derselben Bewusstseinsstufe wie der Mensch, der einen anderen Menschen oder ein Tier quält. Auch Menschen verfolgen, jagen, quälen und töten. Wir tun das, weil wir es können und es unsere Überlegenheit zeigt, und die Katze oder die Bullterrier in dieser Geschichte tun es vielleicht aus demselben Grund. Es entspricht nicht dem menschlichen Wesen, es ist die ungefilterte Natur, und sie kann grausam sein. Menschen und Tiere, die ihr Bewusstsein weiterentwickeln, können sich aus diesem Kreislauf befreien, denn wenn man innerlich hochentwickelt ist, kann man keinem anderen Tier oder Lebewesen etwas zuleide tun – dann weiß man, dass man damit nur sich selbst Schaden zufügt.

Hier ist Dawns Geschichte, bei der es um eine ganz besondere Freundschaft zwischen zwei Tieren geht:

> *Ich bekam meinen weißen Greyhound Kaz, als er schon ziemlich alt war. Er hatte als Rennhund gearbeitet, und als er ausgedient hatte, hatte sein Trainer ihn der Veterinärhochschule in Glasgow übergeben, wo er weitere sechs Jahre als Blutspender diente. Das Blut von Greyhounds ist von besonders guter Qualität, da es eine hohe Anzahl von roten Blutkörperchen enthält. Daher verwenden Tierärzte es bevorzugt für Bluttransfusionen. Auch sind die Hunde so sanft, dass sie für die Blutspende nicht betäubt werden müssen, und da sie groß sind, können sie auch große Mengen Blut spenden. Jeder liebte Kaz, und er wurde an der Hochschule gut versorgt, doch nach ungefähr sechs Jahren war er zu alt, um weiterhin Blut zu spenden, und wurde zur Adoption freigegeben.*
>
> *Ich adoptierte ihn, nachdem ich meine Arbeit als leitende Angestellte bei P&O beendet hatte. Ich wohnte in einer Wohnsiedlung im Süden von Glasgow, und Kaz und ich gingen mehrmals täglich kurz Gassi. Greyhounds sind zwar sehr fit, aber nicht sehr ausdauernd, und so dauerten unsere Spaziergänge nur eine Viertelstunde, aber dafür gingen wir morgens, mittags, nachmittags und abends spazieren.*
>
> *Auf unseren Spaziergängen wurden wir immer von zwei Katern namens Smokey und Tigger begleitet, die offensichtlich*

keine Angst vor dem großen weißen Hund hatten. In einem Frühjahr bemerkte ich einen kleinen schwarz-weißen Kater, der vor einem Haus saß. Er miaute immer kläglich, und ich wunderte mich, weshalb die Bewohner des Hauses ihn nicht hereinholten. Er sah aus wie ein junges Kätzchen, und sein Miauen hätte mich verrückt gemacht!

Wie die Kinder aus der Nachbarschaft mir sagten, hieß er Denzil. Erst nach einer Woche war er mutig genug, sich uns anzuschließen. Nun gingen Kaz und ich voraus, und die drei Katzen liefen uns wie ein winziger Elefantenzug hinterher. Die Siedlung war für Familien errichtet worden, und daher gab es viele Grünflächen und Hecken. Wir gingen zusammen mit den Katzen umher, und auf dem Rückweg verschwanden die Katzen einzeln, um nach Hause zurückzulaufen.

Ich bot Denzil ein paar Leckerchen an, um zu sehen, ob er dann aufhören würde zu miauen. Danach kam er immer an, um uns zu begleiten und sich seine Leckerchen abzuholen. Von anderen Anwohnern fand ich mehr über ihn heraus. Wie sie berichteten, hatten seine ursprünglichen Besitzer ihn neun Jahre zuvor als junges Kätzchen aufgenommen, als er in dem Haus, vor dem ich Denzil zuerst gesehen hatte, gewohnt hatte. Der Kater war mit einem grauen Greyhound aufgewachsen, und so war Kaz ihm wohl vertraut. Danach hatte er sich einer anderen Familie angeschlossen, die später weggezogen war und ihn zurückgelassen hatte. Seine alten Besitzer wollten ihn nicht mehr, weil sie glaubten, er würde schon von selbst ein neues Zuhause finden. Das war der Grund, warum er weinend vor ihrem Haus hockte. Er zeigte jedoch kein Interesse daran, sein Terrain zu verlassen und mit uns nach Hause zu kommen, und so wurde er nur ein weiterer Freund von Kaz, der uns beim Gassigehen begleitete.

Ich hatte noch drei Jahre mit Kaz, der ein wundervoller und schöner Hund war. Meist drehten wir unsere letzte Runde spätestens um neun Uhr abends, doch der Tod meiner Mutter brachte meine gesamte Alltagsroutine durcheinander, und eines Abends kurz nach ihrem Ableben schaffte ich es erst um elf Uhr, mit ihm rauszugehen. Ich führte ihn an der Leine zur Rasenfläche, die wir immer aufsuchten. Da es schon so spät war, begleiteten die Katzen uns nicht. Plötzlich kam ein junger Mann mit zwei Staffordshire Terriern um die Ecke. Die Hunde waren nicht angeleint, und wie ich später erfuhr, hatte der Mann sie zu Kampfhunden ausgebildet.

Sie stürzten sich zu zweit auf den armen Kaz und begannen, ihn zu zerfleischen. Er hatte keine Chance. Verzweifelt versuchte ich, ihn zu retten, und kickte einen der Staffies weg, aber es war zu spät. Ich brachte Kaz sofort zum Tierarzt, doch er war schon alt und die Bisswunden waren so tief, dass er Krämpfe bekam, obwohl der Tierarzt die Wunden versorgt hatte. Er war beinahe vollkommen gelähmt, und als ich mit ihm wieder zu Hause war, musste ich ihn in sein Mäntelchen wickeln und es als eine Art Stütze für seine Hinterbeine verwenden, wenn ich mit ihm hinausging. Spaziergänge waren nun unmöglich; er konnte nur noch wenige Meter weit gehen.

Eines Tages tauchte Denzil auf, während ich Kaz half, ein paar Schritte vor dem Haus zu gehen, und rannte so schnell er konnte auf uns zu. Er begrüßte Kaz miauend und rieb sich am Bauch des Windhunds. Sie gaben einander Küsschen, und dann blieb Denzil stehen und sah zu, während ich versuchte, Kaz halb tragend zu stützen.

Ein paar Wochen später brachte ich Kaz zum Tierarzt. Der war zufrieden mit seinem Zustand; er warnte mich jedoch, dass es mit Kaz sehr schnell vorbei sein würde, wenn sich sein Zustand verschlechterte. Er verschrieb mir genügend Medikamente, die Kaz über Weihnachten und Neujahr versorgen und seine Krämpfe unterdrücken würden, aber der Hund schaffte es nicht bis dahin. Am darauffolgenden Mittwoch verschlechterte sich sein Zustand so sehr, dass er weder gehen noch aufstehen konnte, um zu pinkeln. Auch hatte er einen Schlaganfall. Es brach mir das Herz.

In jener Nacht wachte ich die ganze Nacht über ihn. Um Mitternacht hörte ich ein Weinen. Zuerst hielt ich es für ein Baby, aber als ich aus dem Fenster schaute, sah ich niemanden. Irgendwann merkte ich, dass das Geräusch von hinter dem Haus kaum. Als ich die Hintertür öffnete, stand Denzil auf der Türschwelle. Das erstaunte mich, weil ich ihn noch nie in der Nähe unseres Hauses gesehen hatte. Ich ließ ihn herein, und er saß die ganze Nacht über bei Kaz und wachte über ihn.

Früh am nächsten Morgen nahm ich ihn auf den Arm und setzte ihn sanft draußen ab. »Los, geh jetzt! Wir sehen uns, mein Freund«, sagte ich sanft. Dann machte ich die Tür wieder zu und rief schweren Herzens den Tierarzt an. Ein paar Stunden später kam er vorbei, um Kaz einzuschläfern. Ich musste Abschied von meinem wunderschönen Hund und guten Freund nehmen.

Dann rief ich ein Tierkrematorium an, und ein junger Mann kam vorbei, um Kaz mitzunehmen. Ich warnte ihn vor, dass der Hund schwerer war, als er aussah, doch er hob ihn so unvorsichtig hoch, dass er das Gleichgewicht verlor und Kaz den Hals brach. Ich war vor Schock sprachlos und ging mit Kaz' Lieblingsspielzeug, was mit kremiert werden sollte, dem jungen Mann wortlos hinterher zu seinem Kleinlaster. Wahrscheinlich merkte er nicht, dass ich zusah, denn er warf den Körper meines Hundes einfach hinten auf den Laster. Aufgrund der Art und Weise, wie mit meinem toten Hund umgegangen wurde, beschloss ich, Tierbestatterin zu werden.

Den Rest des Tages verbrachte ich auswärts, und als ich wieder zurückkam, hockte Denzil auf meiner Türschwelle. Ich ließ ihn ins Haus, wo er von einem Zimmer zum anderen flitzte. Als er Kaz nirgendwo fand, rannte er wieder zur Haustür hinaus. Das wiederholte er zehn Tage hintereinander. Ich konnte es kaum glauben, aber ich ging davon aus, dass er es schließlich verstanden hatte. Wann immer er ins Haus rannte, ließ ich die Haustür offen, damit er gleich wieder verschwinden konnte.

Zehn Tage später schickte das Krematorium mir Kaz' Asche in einer Urne. Ich wusste nicht, was ich damit tun sollte; daher stellte ich die Urne auf eine Kommode im Schlafzimmer. Es war Heiligabend. Wieder einmal tauchte Denzil vor meiner Haustür auf. Ich öffnete sie und er schoss hinein. Er rannte geradewegs ins Schlafzimmer, wo er einen markerschütternden Schrei ausstieß. Ich rannte ihm hinterher. Er blieb mit gekrümmtem Rücken und gesträubtem Schwanz stehen. Dann flitzte er zur Tür hinaus. Ich dachte: »Ist das gerade wirklich passiert? Oder hat ihm etwas anderes Angst gemacht?« Es schien ein zu großer Zufall zu sein.

Ein paar Stunden später hörte ich ihn vor der Haustür miauen und ließ ihn wieder rein. Diesmal setzte er sich neben mich aufs Sofa, und jetzt, da ich Kaz verloren hatte, war er ein großer Trost für mich. Ich sagte ihm, er könne über Nacht bleiben, und ging zu Bett.

Um zwei oder drei Uhr morgens wurde ich von einem dumpfen Klopfen geweckt. Ich hielt es für einen tropfenden Wasserhahn und versuchte, es zu ignorieren und weiterzuschlafen, aber es hörte nicht auf. Schließlich setzte ich mich im Bett auf und machte die Nachttischlampe an.

Denzil stand auf der Kommode und klopfte mit der Pfote gegen die Urne. Mir sträubten sich die Nackenhaare. Ich rief ihm zu, er solle die Urne in Ruhe lassen und von der Kommode herunterkommen. Er sprang hinunter und lief ins Wohnzimmer. Zum Glück war die Urne zu schwer, so dass er sie nicht umwerfen konnte.

Nach dieser Nacht tat er das nun jede Nacht. Klopf, klopf, klopf. Ich gewöhnte mich daran und sagte nur noch im Halbschlaf: »Denzil, lass ihn in Ruhe!« Dann sprang er herunter und rollte sich neben mir auf dem Bett zusammen.

In den ersten Wochen des neuen Jahres kaufte ich eine lebensgroße Statue eines weißen Greyhounds, die ich hinten in den Garten stellte. Sie wurde zu Denzils Statue. Zwei Jahre lang hielt der Kater täglich bei Wind, Regen oder Schnee vor der Statue Totenwache. Er lief in den Garten und legte sich Woche für Woche den ganzen Tag über daneben.

Und er verteidigte die Statue auch – sogar ich durfte ihr nicht zu nahe kommen. Wenn ich den Rasen mähte und anschließend eine Bürste holte, um den Rasenschnitt zu entfernen, fauchte Denzil mich an und befahl mir damit, nicht näher zu kommen! Einmal verrückte ich die Statue, und als ich aufblickte, sah ich Denzil, der auf dem Zaun über meinem Kopf hockte und bereit war, mich anzuspringen! Er war ein äußerst liebevoller Kater, und daher war diese aggressive Seite seiner Persönlichkeit ungewöhnlich.

Innerhalb eines Jahres adoptierte ich wieder einen geretteten Greyhound namens Mac. Auch er verstand sich gut mit Denzil, doch ich konnte Mac nur mit dem Maulkorb in den Garten lassen, denn wenn er Kaz' Statue zu nahe kam, fauchte Denzil ihn mit ausgefahrenen Krallen an.

Nach zwei Jahren zogen Denzil, Mac, Kaz' Statue und ich aus der Siedlung nach Lanarkshire, wo ich noch mehr gerettete Greyhounds halten konnte. Da nicht alle dieser Hunde gut mit Katzen auskamen, musste ich aus Denzil eine Wohnungskatze machen. Ich war mir nicht sicher, ob er damit klarkommen würde, doch er entpuppte sich als die geborene Hauskatze. Vielleicht interessierte er sich einfach nicht mehr für die Welt da draußen, da er allmählich in die Jahre kam. Damit schien für ihn auch der Zauber der Statue zu verblassen. Ich stellte sie wieder in den Garten, aber er wollte nie hinausgelassen werden, um sie zu bewachen. Er legte sich nur neben Mac und schien damit zufrieden zu sein.

Ungefähr acht Monate nach dem Umzug klopfte Denzil mir gegen fünf Uhr morgens beharrlich an die Nase. Ich wischte seine Pfote weg und döste weiter, doch ein paar Minuten später weckte Mac mich auf. Er war sehr unruhig und es war ungewöhnlich für ihn, so früh morgens schon aufzustehen. Dann erkannte ich den Grund für seine Unruhe.

Er rannte zwischen mir und dem Kater auf und ab. Denzil lag auf der Seite auf dem Boden und rührte sich nicht. Wie ich sofort merkte, stimmte etwas nicht mit ihm. Ich versuchte, ihn hochzuheben, aber es ging ihm sehr schlecht.

Wir fuhren sofort zum Tierarzt, der um sechs Uhr seine Praxis aufmachte. Es dauerte nicht lange, bis die Diagnose feststand: Denzil hatte einen schweren Schlaganfall erlitten und war gelähmt. Ich glaube, er hatte es im Voraus gespürt und mich deswegen geweckt. Wie mir der Tierarzt sagte, bestand keine Chance, dass er sich davon noch einmal erholen würde. Er blieb zwölf Stunden in der Tierklinik, um zu sehen, ob sich sein Zustand doch noch verbessern würde, doch als der Tierarzt seine Hinterläufe mit Pinzetten zwickte, um zu sehen, ob er darauf reagierte, rührte er sich nicht. Wie ich später von einem Nachbarn erfuhr, war Denzil Jahre zuvor von einem Auto angefahren worden. Vermutlich war seine alte Kopfverletzung die Ursache für den Schlaganfall.

Also sagte ich: »Na gut«, und holte tief Luft. »Denzil, gib deiner Mama ein Küsschen.« Er küsste mich auf die Nase. Dann wandte ich mich zum Tierarzt und sagte: »Also gut, schläfern Sie ihn jetzt ein.« Ich wusste, dass jemand schon auf ihn wartete.

Er war meine erste Katze, und dabei hatte ich ihn nur für kurze Zeit. Ich hatte mich immer für einen Hundemenschen gehalten und Katzen nie wirklich verstanden, doch Denzil änderte all das. Ich bin froh, dass seine letzten zwei Jahre glückliche Jahre waren. Wir haben neben Kaz' Statue eine Gedächtnisstätte für ihn errichtet. Ich habe nie mehr einen Kater wie ihn gefunden.

Kapitel 5

Tier-Synchronizität

Die geistige Welt trägt unser ganzes Leben. Die meisten von uns sind jedoch so in unserer eigenen Existenz gefangen, dass sie sie nicht erkennen können. Wenn sie in unser Bewusstsein dringt, dann durch einen unerwarteten Moment der Bewusstwerdung oder in einem veränderten Bewusstseinszustand, möglicherweise auch durch die von einem Medium übermittelte Botschaft. Es gibt jedoch noch einen anderen Weg, über den die geistige Welt in unseren Alltag eindringen kann, und das ist über »Synchronizität« – über Zufälle und Ketten von Ereignissen, die so auffällig sind, dass wir für einen Augenblick innehalten und denken: »Ist das wirklich passiert? Sollte es so passieren? Und warum?«

Ich nahm einmal an einer Sendung eines BBC-Radiosenders teil, bei der die Hörer anrufen konnten. Ein Anrufer erzählte mir eine merkwürdige Geschichte. Seine Frau hatte Schmetterlinge gesammelt, und bei ihrer Trauerfeier mitten im Winter landete ein großer, sehr seltener Schmetterling auf ihrem Sarg und blieb bis zur Beerdigung dort sitzen. Als die Trauergemeinde das Krematorium verließ, flatterte der Schmetterling ihnen voraus. Ich wusste, ich brauchte dem Witwer die Bedeutung nicht zu erklären; er hatte sie verstanden: Es war ein Zeichen seiner Frau, dass sie noch bei ihm war. Das ist Synchronizität – ein bedeutsamer »Zufall«.

Vor mehreren Jahren leitete ich ein fünftägiges Seminar in Deutschland. Eine Teilnehmerin war eine Frau mit einer starken Ausstrahlung, die schon über siebzig sein musste, auch wenn man es ihr nicht ansah. Sie war eine Indianerin der Apachen, eine traditionelle Heilerin und Medizinfrau, die ihr Leben beiden Heilmethoden gewidmet hatte. Sie hatte viele tolle Geschichten zu erzählen. Abends nach dem Seminar führten wir tolle Diskussionen – und so lernte ich noch viel mehr dazu. Sie interessierte sich ganz besonders für Tiere und die Zeichen, die in der natürlichen Welt zu finden sind, wenn man auf sie achtet und sie deutet.

Ein anderer Seminarteilnehmer war ein junger Mann namens Christian, der einen sehr nervösen Eindruck machte. Während einer Kaffeepause kam er zu mir. Er wirkte besorgt und sagte, er wolle mich etwas fragen. Dann erzählte er mir, dass er demnächst in die USA reisen würde. Sein Großvater sei jedoch schwer krank und er habe Angst, dass der Großvater in seiner Abwesenheit sterben würde und er nicht mehr Abschied nehmen könnte. Er dachte, ich könnte ihm vielleicht einen Hinweis der geistigen Welt geben, wann sein Opa die irdische Welt verlassen würde.

Ich sagte ihm, dass die geistige Welt mir solche Informationen normalerweise nicht gibt, und versuchte, ihm zu erklären, dass er nicht unbedingt physikalisch bei seinem Großvater sein müsste, solange er im Geist mit ihm verbunden war. Das schien Christian nicht wirklich zu beruhigen.

Ich wusste nicht, dass er auch mit Mama Apache gesprochen hatte. Wie sie ihm gesagt hatte, würde es ein Zeichen geben, wenn die Zeit seines Großvaters gekommen war. Auf dieses Zeichen sollte er achten.

Zwei Tage vor Seminarende machte ich einen Spaziergang um einen See, der in der Nähe der Unterkunft lag. Christian, der immer noch sehr beunruhigt wirkte, begleitete mich. Es dämmerte schon in einem wundervollen herbstlichen goldenen Licht, und die Blätter an den Bäumen spiegelten sich im Wasser. Kurz zuvor hatte Christian zu Hause angerufen, um sich nach seinem Großvater zu erkundigen, doch dessen Zustand hatte sich nicht verändert.

Wir waren schon ungefähr eine Stunde gelaufen und machten uns gerade auf den Rückweg, als ein Fuchs vor uns auf dem Weg hinter einer Kiefer hervorkam. Im goldenen Licht schimmerte auch sein Fell golden; er passte perfekt ins Bild. Er störte sich nicht an uns, sondern trottete gelassen zehn Meter vor uns den Weg entlang. Stumm beobachteten wir das schöne Tier, und irgendetwas in mir verriet mir die Wahrheit.

»Dein Großvater ist gerade gestorben«, sagte ich.

»Woher weißt du das?«, fragte Christian.

»Ich glaube, der Fuchs hier war das Zeichen. Wenn du nach unserer Rückkehr zu Hause anrufst, wirst du erfahren, dass er von euch gegangen ist.« Ich kann nicht genau sagen, woher ich es wusste, aber ich war mir hundertprozentig sicher.

Als wir die Unterkunft der Seminarteilnehmer wieder erreicht hatten, rief Christian seine Eltern an, und es stimmte: Der alte Mann war in genau dem Augenblick gestorben, in dem der Fuchs auf dem Spazierweg aufgetaucht war. Und der junge Mann war wie ausgewechselt. Statt tieftraurig zu sein, war er erleichtert und guter Stimmung. Er sagte zu mir: »Mein Großvater hat einen Weg gefunden, es mich wissen zu lassen, auch wenn ich nicht bei ihm war. Er hat mir den Fuchs geschickt.«

Als ich später am Abend Mama Apache sah, lautete ihre erste Frage: »Habt ihr das Zeichen gesehen?«

Ich antwortete: »Ja, der Mann ist gestorben.«

»Habt ihr einen Fuchs gesehen?«, fragte sie weiter.

»Ja!«

»Und sah er zufällig golden aus?«

»Ja, er sah tatsächlich golden aus.«

Wie sie mir sagte, hatte sie nach dem Gespräch mit Christian eine Meditation gemacht, um ihm zu helfen, und ihm einen goldenen Fuchs geschickt.

Das verwirrte mich, und so sagte ich: »Aber der Fuchs, den wir gesehen haben, war echt. Das war kein Fuchs aus der geistigen Welt und auch keine Erscheinung.«

Mama Apache meinte lächelnd: »Es macht keinen Unterschied, auf welche Weise er euch erschienen ist. Hauptsache ist, dass Christian und Sie ihn gesehen und beide das Zeichen erkannt habt.«

Sie war zufrieden. Sie hatte um Heilung gebeten, und der Fuchs war zu Hilfe gekommen. Nach diesem Ereignis nannte sie mich den »goldenen Fuchs« – der mit den Verstorbenen kommuniziert.

Zwar steht mir nicht die Vielfalt an Symbolen zur Verfügung, die Mama Apache für ihre Arbeit verwendet, doch auch ich habe meine Methode, mit der ich die Natur um mich herum »lese«. Man kann es »Ornithomantie« – Vorhersagen auf der Grundlage von Vogelverhalten – nennen, aber ich bin mir dessen oft gar nicht bewusst und habe auch keine festen Regeln dafür, so wie die alten römischen oder keltischen Weisen, die früher den Himmel nach Adlern und Krähen abgesucht haben. Gewiss laufe ich nicht mit Kopfschmuck in der Gegend herum und singe, bis die Vögel zu mir kommen, doch wenn bestimmte Vogelarten am Himmel auftauchen, sagt mir das etwas. Es sind immer

Raubvögel, die über meinem Kopf kreisen, und sie tauchen häufig auf Reisen auf. Dann blicke ich spontan in den Himmel und sehe ihn: einen Habicht, eine Weihe oder einen Falken. Sogar mitten in der Londoner City kann es sein, dass ich den Blick in den Himmel richte und einen Turmfalken sehe. Es geschieht, wenn mich etwas in meinem Leben stark beschäftigt, und es lässt mich wissen, dass die Lösung für das Problem naht oder in der geistigen Welt darüber nachgedacht wird. Es ist ein Zeichen, das von etwas Höherem als mir selbst kommt – und das nicht nur wortwörtlich. Es ist immer tröstlich und es funktioniert auch immer. Diese Vögel bringen mich dazu, an das Größere der Existenz zu denken, an Wesen, die meine Problemchen von einem weiteren Sichtwinkel aus betrachten. Dadurch fühle ich mich deutlich besser.

Manchmal tritt ein Haustier auf ebenso natürliche wie auch seltsame Weise in unser Leben so wie die Habichte über London oder der Schmetterling im Winter. Es war durch Dronmas Skizze offensichtlich, dass Charlie aus einem bestimmten Grund in unser Leben kam. Die Colliehündin Cindy meiner Frau und mir, als unsere Jungen noch klein waren, war zwar ein wundervolles Haustier, doch sie kam auf unspektakuläre Weise zu uns. Und außer der Tatsache, dass sie uns viel Freude schenkte, änderte sie nicht meine Sichtweise über irgendetwas. Charlie hingegen platzte wie eine Bombe in unser Zuhause und forderte uns auf, unser Leben nach ihm auszurichten.

Wenn ich an Lassie zurückdenke, erinnere ich mich, dass wir als Gruppe von zehn Jungen in Lumloch umherstreiften, doch Lassie suchte sich mich aus, und danach musste ich einen Weg finden, wie ich sie behalten konnte, obwohl meine Mutter Haustiere nicht ausstehen konnte. Und tatsächlich habe ich noch heute eine Verbindung zu Lassie, auf die ich noch näher eingehen werde.

In solchen Fällen besteht eine bewusste Verbundenheit zwischen Ihnen und dem Tier, die schon vorhanden ist, noch bevor Sie ihm überhaupt begegnet sind. Es ist, als wäre längst ein Vertrag geschlossen, und deshalb werden Sie die Chance, das Tier zu finden, auch nie verpassen.

Sie werden sich gemeinsam auf eine Reise begeben, die zu einem großen Teil Ihres Lebens wird, und sie wird eine Lernkurve für Sie und das Tier werden. Solche besonderen Haustiere werden in Tragödien, Krankheiten oder Unfälle verwickelt; manchmal öffnen sie uns neue Türen und ändern unser Leben. Sie bringen uns dazu, sie zu lieben, ihr Vorbild wahrzunehmen und zu erkennen, mit was für einem besonderen Wesen wir für eine gewisse Zeit auf diesem Planeten verbunden waren.

Als Lois Hastings aus Oxfordshire im Herzen Englands mir die Geschichte schickte, wie sie zu ihrer Hündin Memphis in den USA kam, war mir klar, dass diese Hündin ein einmaliges Haustier war:

> *Früher sagte ich jedem, dass Memphis nie »bloß ein Hund« sei. Sie hatte eindeutig ein menschliches Bewusstsein und war im Vergleich zu meinen anderen Haustieren in dieser Hinsicht einzigartig. Ihr Bewusstsein entsprach dem eines Kindes; sie war sich ihrer selbst weitaus mehr bewusst und hatte auch eine viel stärkere Persönlichkeit als alle anderen Tiere, denen ich je begegnet bin. Sie war stur, sie war frech, und sie hatte einen starken Willen – wie eine typische Fünfjährige. Sie tat alles Mögliche aus purer Lebensfreude, war völlig spontan und lebte vollkommen in der Gegenwart – eben wie ein Kind.*

Ich fand sie an einem Silvesterabend auf einem Reservat der Hopi-Indianer in den Vereinigten Staaten, viele Meilen in der Pampa. Als ich aus meinem Auto ausstieg, stand sie da. Es war ein sehr spiritueller Ort, selbst das Land fühlte sich besonders an, und ich hatte von Anfang an das Gefühl, dass dies der Grund für ihre spirituelle Persönlichkeit war.

Die Hündin sah aus wie ein rabenschwarzer Kojote und war etwa acht Monate alt. Sie war völlig zahm, setzte sich vor mich hin und ließ mich stumm wissen, dass sie mit mir nach Hause kommen würde. Das war es schon. Von diesem Moment an wich sie mir nicht mehr von der Seite. Ich sagte sogar zu ihr: »Ich kenne dich doch«, weil ich sofort eine starke Verbundenheit zu ihr spürte. Damals konnte ich noch nicht mal einen Hund halten, aber das war vollkommen nebensächlich! Wir dachten buchstäblich dasselbe, auch wenn es verrückt klingt.

Memphis nahm ihre Umwelt sehr bewusst wahr; sie verstand sie und war für verschiedene Energien extrem empfänglich. Sie reagierte äußerst sensibel auf die Knochen und getrockneten Schweineohren, die ich ihr mitbrachte. Zuerst überraschte mich das. Auch wenn sie sie zu gerne gekaut hätte, hörte sie nicht auf zu winseln, wirkte unglücklich und versuchte schließlich, sie hinter dem Sofa zu verstecken. Irgendwann wurde mir klar, dass Memphis scheinbar die Energie der toten Tiere spürte, und so kaufte ich sie nicht mehr. Dasselbe passierte, als sie einen Damenmantel mit Hasenfellkragen zu Gesicht bekam: Memphis verhielt sich äußerst verstört und heulte. Sie wollte zwar das Fell beschnuppern, aber sie konnte den Mantel nicht ertragen, bis ich ihn schließlich vor ihr versteckte.

Für eine gewisse Zeit wohnte ich auf Long Island und fuhr jeden Freitagabend gegen 19 Uhr fürs Wochenende nach Manhattan. Memphis liebte Manhattan und legte sich schon Freitagmittags auf den Beifahrersitz meines Autos, nachdem sie durchs offene Fenster hineingesprungen war. Dort wartete sie geduldig, bis es an der Zeit war, loszufahren.

Als ich in Santa Fe lebte, wanderten wir jedes Wochenende stundenlang durch die Wälder und in den Bergen. Einmal fand ich einen Ast, der über einen Meter lang war. Ich nutzte ihn als Wanderstock, um über große Steine und Hügel hinaufzuklettern. Ich umwickelte das eine Ende mit Bindfaden, um ihn besser greifen zu können, und nahm ihn nach jedem Ausflug wieder mit nach Hause.

Eines Abends hatte ich keine Lust mehr, ihn mitzuschleppen, und stellte ihn an einen Baum mitten im Wald. Viele Monate später ging ich zufällig wieder denselben Wanderweg mit Memphis. Mitten auf der Strecke rannte sie zu dem Baum, an dem der Stock lehnte, und wurde ganz aufgeregt, weil ich den Stock wiederhatte. Sie sprang schwanzwedelnd am Baum hoch und kam angerannt, um mir zu sagen, dass sie ihn gefunden hatte.

Noch heute kann ich sie beim Einschlafen auf meinem Bett fühlen, auch wenn sie schon seit vier Jahren in die geistige Welt übergegangen ist. Sie macht sich immer noch deutlich bemerkbar!

Memphis hat mir vieles beigebracht – wie man Spaß hat, wie man spontan sein kann und im Augenblick lebt. Auch hat sie mich Geduld gelehrt und mir eindeutig gezeigt, dass Tiere ein weitaus stärkeres Bewusstsein haben, als die meisten Leute glauben, vor allem, wenn man sie darin bestärkt, sie selbst zu sein, und ihnen den Raum dafür gibt. Wenn wir in Harmonie mit einem Tier leben, statt ihm unseren Willen aufzuzwingen – wozu die Menschen neigen –, kann sich ihre wahre Persönlichkeit entfalten. Memphis' starke Persönlichkeit hat mich erstaunt – wir brauchten keine Worte, um miteinander zu kommunizieren. Sie zeigte mir immer ganz genau, wie sie sich gerade fühlte.

Memphis erinnert mich an Menschen wie meinen Bruder, der von klein auf kein Fleisch verzehren konnte. Zwar kam bei uns zu Hause viel Fleisch auf den Tisch, aber er brachte es nicht übers Herz, es zu essen. Lieber hungerte er. Seitdem habe ich viele andere Vegetarier wie ihn kennengelernt. Was als reiner Instinkt begann, wurde zu wissendem Mitgefühl gegenüber Tieren und zu einem klaren Bewusstsein über ihr Leiden – wie bei Memphis.

Memphis klingt wie eine Lehrmeisterin. Lehrmeister begegnen uns in jeder Gestalt – manchmal auch auf vier Pfoten! Wie ein englisches Sprichwort besagt, kommt der Lehrer, wenn der Schüler für ihn bereit ist. Man muss ihn nur erkennen.

Wir müssen auch die Seelen erkennen, die zu uns kommen, um uns zu beschützen und zu erfreuen. Brenda Cottinghams Geschichte über ihre Hündin Heidi vermittelt mir den Eindruck, dass sich dieses Tier nicht nur sein Zuhause selbst ausgesucht hat, sondern seiner Familie viele glückliche Augenblicke schenkte. Sehen Sie selbst, was für eine tolle

Persönlichkeit Heidi war und wie sie es schaffte, selbst nach ihrem Tod Trost zu spenden:

Meine Weimaranerhündin Heidi war von Anfang an etwas Besonderes. Wir wollten uns einen dieser schönen grauen »Gespensterhunde« anschaffen und führten ein Vorgespräch mit dem Züchter, um zu sehen, ob wir als Halter geeignet waren. Als wir in die Hütte gingen, in der die Mama mit ihren Welpen untergebracht war, wurde uns gesagt, wir sollten die Welpen nicht anfassen, da ihre Mutter argwöhnisch über sie wachte. Doch als ich mich auf den Boden kniete, kam einer der Welpen angewackelt und kroch auf meinen Schoß. Das war Heidi. Die Hundemutter kam zu mir und beschnupperte mich. Dann sah sie mir direkt in die Augen und legte sich wieder hin.

Der Züchter sagte: »Dieser Welpe und seine Mutter haben Sie ausgewählt.« So begann unsere gegenseitige Liebesgeschichte.

Heidi war wirklich ein Zauberhund. Alle liebten sie. Man wusste nie, was sie als Nächstes anstellen würde. Sie stellte sich sogar am Kebab-Stand in unserem Ort an, und dann schenkte ihr der Besitzer des Stands immer einen Kebab. Wenn wir mit ihr ans Meer fuhren, mussten wir uns darauf gefasst machen, bei Wind, Schnee oder Regen am Strand zu stehen, weil sie das Wasser so liebte.

Da sie zum Arbeitstier, das Wild apportiert, gezüchtet wurde, brachte ich ihr Handsignale bei. Trotz ihres selbstbewussten Wesens gehorchte sie sehr gut.

Einmal rannte sie einer Ente über einen zugefrorenen Teich nach und brach ins Eis ein. Ich musste ihr signalisieren, mit hocherhobenen Pfoten die Eisoberfläche zu durchbrechen und zu mir zurückzuschwimmen. Zu Hause zitterte sie vor Kälte, und so gab ich ihr heiße Milch zu trinken. Von da an versuchte sie immer wieder, heiße Milch von mir zu bekommen, indem sie nach Spaziergängen »vor Kälte zitterte«! Wenn sie ein Leckerchen wollte, konnte sie alle mit ihrem Charme verzaubern.

Sie jagte zu gerne Wild und hätte einmal beinahe ein Reh erwischt, doch sie kannte den Unterschied zwischen den Wildhasen auf der Heide und den Kaninchen im Vorgarten des örtlichen Pubs, deren Näschen sie mit der Schnauze berühren konnte, ohne sie anzugreifen. Einmal stand sie bis zum Bauch in einem Teich, als eine Entenmutter am Ufer aus dem Wasser herausschoss. Ich warnte sie: »Heidi, still!«, und sie rührte sich nicht, während direkt vor ihrer Nase zehn Entenküken ihrer Mutter hinterherschwammen. Sie sah mich an, als wollte sie sagen: »Hoffentlich hat das jetzt keiner mitgekriegt!«, aber sie rührte die Küken nicht an.

Heidi mochte zwar keine Kinder, doch sie beschützte sie instinktiv. Wir gingen einmal an der Themse spazieren. Dort gibt es eine Stelle, die steil abfällt. Dann kamen wir an einem Biergarten vorbei. Heidi lief voraus, und ich beobachtete, wie ein kleines Mädchen ans Flussufer rannte. Seine Eltern unterhielten sich und merkten nicht, dass es sich entfernt hatte. Das Kleinkind war nicht weit von Heidi entfernt, und so rief ich ihr zu: »Pass auf das Baby auf!«

Heidi sah die Kleine an und stellte sich dann zwischen sie und das Wasser. Sie ließ zu, dass das kleine Mädchen die Arme um sie legte. Dann entfernte sie sich wie ein Dressurpferd langsam mit seitlichen Schritten aus der Gefahrenzone und brachte so das Kind in Sicherheit. In diesem Moment sah die Mutter, was los war. Ich hielt die Hand hoch, um sie davon abzuhalten, laut zu rufen. Sie verstand das Zeichen und hielt still, bis ich Heidi und das kleine Mädchen erreicht hatte.

Ich konnte nicht zulassen, dass die Mutter versuchen würde, selbst nach ihrem Kind zu greifen, da ich wusste, dass Heidi den Befehl »Pass auf das Baby auf!« sehr ernst nahm. Ich erinnere mich noch daran, wie ich einmal in der Dorfapotheke war, als eine Kundin gleich nach dem Verlassen des Geschäfts zurückkam und mich fragte: »Entschuldigung, gehört der Hund Ihnen? Der große graue Hund da draußen? Er will mir mein Baby nicht mehr zurückgeben!«

»Oje«, sagte ich. »Haben Sie ihr zufällig gesagt, sie solle auf das Baby aufpassen?«

»Ja, genau das habe ich gesagt!«, antwortete sie.

Wir gingen nach draußen, wo Heidi neben einem Kinderwagen stand und von einem Kleinkind mit Smarties gefüttert wurde. Wie die Frau berichtete, war Heidi jedes Mal, wenn sie sich dem Kinderwagen näherte, um ihn herumgegangen und hatte sich dazwischengestellt. Sie hatte nicht etwa geknurrt oder gebissen (sie hat nie einen Menschen gebissen), aber der Mutter klargemacht, dass sie auf das Baby aufpasste!

Sie beschützte unsere Familie so vehement, dass mein Mann und unser Sohn mir verboten, sie mitzunehmen, wenn die beiden windsurften, weil sie sie nicht in Ruhe ließ, wenn sie ins Wasser fielen. Dann sprang sie in den See, schwamm zu ihnen und war erst dann zufrieden, wenn sie sich an ihrem Hals festhielten und so taten, als würden sie sich von ihr retten lassen!

Mit nur neun Jahren wurde bei ihr leider Bauchspeicheldrüsenkrebs festgestellt. Sie lebte noch ein halbes Jahr, aber dann wurde ihr Zustand zu einem Albtraum. Sie fing zu Hause an zu bluten, und wir mussten sie schnellstens vom Tierarzt operieren lassen. Wir befürchteten, dass sie die Operation nicht überleben würde, und daher verabschiedeten wir uns von ihr für den Fall, dass wir sie nicht mehr lebend wiedersehen würden. Später am selben Tag rief der Tierarzt an und teilte uns mit, dass er nichts mehr für die arme Heidi tun könne, da sich der Krebs überall ausgebreitet habe. Wir gingen hin, um Abschied von ihr zu nehmen. Ich hielt sie in den Armen, und sie sah mich ein letztes Mal an. Es brach uns allen das Herz.

Wir brachten ihren Körper nach Hause und begruben sie im Garten. Ich war verzweifelt und konnte noch nicht mal zum hinteren Teil des Gartens gehen, wo sie begraben war. Ich konnte nicht mehr klar denken und machte mir Sorgen, dass sie bei Regen nass werden und sich in der geistigen Welt einsam fühlen könnte, weil sie da niemanden kannte. Sie war wie ein Kind für mich. Das war im Januar.

Ungefähr zwei Wochen später sprach mein Geistführer im Traum zu mir. »Brenda«, sagte er, »Heidi geht voran.« Ich dachte sofort: »O nein!«, weil mein Vater an Alzheimer erkrankt war. Er und Heidi waren ein Herz und eine Seele gewesen, und daher glaubte ich, dies bedeutete, dass auch er bald sterben würde.

Nach dem Traum konnte ich nicht mehr einschlafen. Ich lag hellwach im Bett, als ich plötzlich spürte, wie etwas Schweres auf das Fußende des Betts sprang, sich genauso umdrehte, wie Heidi es immer getan hatte, und sich dann hinlegte. Ich streckte die Hand aus und konnte sie fühlen. Nach einer Weile spürte ich, wie sie aufstand und ans Fußende ging. Dann fühlte ich den dumpfen Aufprall ihrer Pfoten, als sie vom Bett sprang. Ich machte schnell das Licht an, aber natürlich war da nichts zu sehen.

Eine Woche später rief der Mann meiner Nichte um 6 Uhr in der Frühe aus dem Krankenhaus an und informierte uns, dass mein Schwager Barry im Alter von 54 Jahren einen Herzinfarkt gehabt hatte und es nicht gut um ihn stand. Wir eilten ins Krankenhaus. Dort setzte ich mich an sein Bett. Er machte die Augen auf und redete mit mir. Dann machte er sie wieder zu. Später am selben Tag kümmerte ich mich im Wartezimmer um das Kind meiner Nichte, damit sie im Krankenzimmer bei ihrem Vater sein konnte. Eine Krankenschwester rief uns ins Krankenzimmer und sagte, wir sollten uns beeilen, doch es war schon zu spät. Barry war gestorben. Ich war am Boden zerstört, da wir uns sehr nahegestanden hatten und auch er auf Heidis »Favoritenlisten« gewesen war.

Ein paar Nächte darauf träumte ich, dass Barry auf der großen Wiese, auf der er immer mit Heidi spazieren gegangen war, wenn wir im Urlaub waren und er sich um sie gekümmert hatte, Stöckchen warf. Diesen Traum hatte ich noch oft, und er war immer gleich: Heidi rannte den Stöcken nach und brachte sie zu ihm zurück.

In einem dieser Träume rief ich Heidi, und statt zu Barry zurückzulaufen, rannte sie zu mir. Doch mitten auf dem Weg blieb sie stehen, sah mich an und wandte sich dann zu Barry um, der sie rief. Sie sah mich noch ein letztes Mal an und rannte dann zu ihm. Er winkte mir zu, und beide drehten sich um und gingen davon. Heidi hatte in der geistigen Welt einen Gefährten gefunden. Danach träumte ich nie wieder von Heidi und »spürte« sie auch nicht mehr auf dem Bett.

Jahre später überredete ich meinen Mann John, zu einem der Readings mitzukommen, die Gordon im Theater in Margate abhielt. Denn auch wenn er mich seit mehr als dreißig Jahren kannte und wusste, dass ich ein Medium war, glaubte er immer noch nicht an Mitteilungen aus dem Jenseits. Er fand alle möglichen anderen Erklärungen dafür!

Einen Monat zuvor war Johns Schwager Derrick verstorben, und an diesem Abend nahm Gordon Verbindung zu ihm auf. John konnte es nicht glauben. Dann sagte Gordon: »Hier ist auch eine große graue Hündin, die zu Ihnen hinstrebt.« John sagte: »Das ist Heidi«, während ihm Tränen über die Wangen liefen. »Und hier ist auch noch eine kleine, freche Hündin«, fuhr Gordon fort, »die auch kommen will.« Das war Johns eigener Hund Judy. Nun war er endlich überzeugt. Ich konnte es kaum glauben – über die Jahre hatte ich Verbindung zu seiner Mutter, seinem Vater und seinen Großeltern aufgenommen, aber er hatte mir nie geglaubt, bis Gordon uns Heidi präsentierte!

Wie hätte eine Persönlichkeit wie Heidi *nicht* zurückkommen können? Nichts konnte sie davon abhalten, sich an jenem Abend im Theater bemerkbar zu machen, und diese Willenskraft hatte nichts damit zu tun, dass sie ein Hund war. Sie hätte genauso gut ein Mensch, eine Katze oder eine Wüstenrennmaus sein können und trotzdem ihre Botschaft verkündet! Ich wette, sie bewacht ihre Familie auf Erden und in der geistigen Welt immer noch.

Häufig werden die Seelen verstorbener Tiere zur Verbindung zwischen Menschen in der geistigen Welt und medial Begabten oder Angehörigen. Sie wissen instinktiv, wie sie Verbindung zu einem Medium aufnehmen können, was ein verstorbener Mensch möglicherweise nicht weiß. Das hat Heidi John bewiesen, so dass er das Leben nach dem Tod besser verstehen kann und nicht mehr so um seinen Schwager trauern muss.

Es gibt viele Beispiele für Tiere, die sich offensichtlich einen bestimmten Menschen ausgesucht haben, selbst wenn sie gerade in ihrem neuen Zuhause angekommen sind und der Mittelpunkt einer ganzen Familie sind. Das muss nicht in Form eines bedeutenden spirituellen Ereignisses über Träume und Synchronizität geschehen, sondern kann sich auch einfach darin zeigen, dass eine Katze ohne Umwege auf eine Person zugeht und ihr auf den Schoß springt. Letztendlich sind Tiere in dieser Hinsicht wie wir Menschen. Manche Leute können ihre Umwelt gut einschätzen und fühlen sich zu jemandem hingezogen, der ein Freund fürs Leben wird. Sie halten sich zurück und beobachten alle anderen – und dann gehen sie auf den Menschen zu, der sie ihrer Einschätzung nach am besten verstehen wird.

Viele Tiere mit einem höheren Bewusstseinslevel, wie beispielsweise Charlie, sind genauso – sie sind vorsichtig und wählen ihre Menschen mit Bedacht. Im Grunde zeigen sie damit ihren Instinkt, zu lieben und geliebt zu werden – sie wissen, wer sie beschützen wird, und diese Zuneigung wollen sie zurückgeben.

Wie stark dieser Instinkt ist, erkennt man daran, dass viele Tiere – insbesondere Hunde – sehr schnell verzeihen können. Ich glaube, Katzen sind generell nachtragender, weil ihr Instinkt noch wählerischer ist als der von Hunden: Sie wählen sich eher ihren »besonderen Menschen« aus. Hunde können sich eine Person aussuchen, weil sie der Rudelführer ist, während Katzen ganz einfach ihre Freunde selbst wählen.

In den Fernsehsendungen, in denen es um verhaltensgestörte Tiere geht, sieht man nie Katzen. Es sind die Hunde, die verwirrt werden, wenn sie keinen Rudelführer haben und sich deswegen dominant verhalten. Katzen wissen längst, dass sie das Sagen haben! Die folgende Geschichte der Südafrikanerin Astrid Wareham zeigt, dass eine Katze, selbst wenn sie eigentlich keine Wahl hat, es trotzdem schafft, sich ihre Beschützer selber auszusuchen:

Ich hatte schon eine Horde Katzen im Haus, und ich bin bei meinen Freunden bekannt dafür, streunende Katzen aufzunehmen. Auf dem Parkplatz der Firma, für die ich arbeite, schien ein kleiner rothaariger Kater zu hausen. Die Firma hatte ihn regelrecht adoptiert. Die Mitarbeiter brachten ihm jeden Tag Futter. Einmal nahm ihn jemand mit nach Hause, doch am nächsten Tag rannte er weg und tauchte wieder auf dem Parkplatz auf. Er war mit seinem Streunerleben zufrieden. Ich gab ihm zwar immer mal wieder ein Leckerchen, aber ich blieb auf Distanz, da ich dachte, er wolle keine Nähe.

Eines Tages lag er mitten auf dem Weg. Ich weiß nicht, warum die Hunderte von Leuten, die dort jeden Tag hin und her laufen, ihn übersehen hatten, da er sich nicht rühren konnte. Er war in einem schlechteren Zustand als je zuvor. Also hob ich ihn sanft auf und brachte ihn zum Tierarzt, der ihn untersuchte und ein gebrochenes Becken feststellte.

Anschließend brachte ich Redgie nach Hause und pflegte ihn Tag und Nacht gesund. Zwei Wochen nachdem er wieder auf die Beine gekommen war und einen gesunden Appetit hatte, fing er an zu spucken. Er übergab sich mehrere Tage lang. Ich brachte ihn wieder zum Tierarzt, der eine Blockade in seinem Darm entdeckte – Narbengewebe von einem früheren Vorfall. Wir vermuteten, dass jemand ihn schlimm zugerichtet hatte. Das würde auch erklären, warum er solche Angst vor Menschen hatte. Der Tierarzt sagte, er könnte ihn zwar operieren, aber das würde teuer werden.

Ich überlegte hin und her. Die Operation kostete mehr, als ich mir leisten konnte, und das Geld würde in unserer Familie fehlen. Doch die Operation eilte und wurde ganz schnell durchgeführt, und nun war die Rechnung unterwegs! Wie der Tierarzt mir sagte, hatten sie alles Menschenmögliche getan. Jetzt hing es von Redgie ab, ob er überleben würde oder nicht. Am Tag nach der OP setzte ich mich in der Tierklinik zu ihm. Der arme kleine Kater hing am Tropf, war bandagiert und hatte eine lange Narbe am Bauch.

Ich redete mit ihm und sagte ihm, dass es nun an ihm liege, dass wir ihn bis hierher gebracht hätten und er jetzt den Rest selber schaffen müsse. Aufgrund seiner Angst vor Menschen hatte er es sicher nicht leicht. Ich hielt die Hände über seinen Körper und betete um Heilung.

Eine Woche später hatte er sich genügend erholt, um mit uns nach Hause zu kommen. Auch wenn ich darüber erleichtert war, machte ich mir wegen der Rechnungen für seine Behandlung Sorgen. Jetzt musste ich für seine Tierarztkosten aufkommen, die ich alle mit der Kreditkarte bezahlt hatte.

Knapp einen Monat später – noch bevor die erste Zahlung von meinem Konto abgebucht worden war – lud mich eine Freundin zum Mädelsabend in unserem Kasino ein. Ich spielte nur zögernd mit, doch ich wollte den anderen nicht den Spaß verderben. Ich konnte mir jedoch keinen größeren Einsatz am Spieltisch leisten, und so stellte ich mich vor einen Spielautomaten und begann, geistesabwesend zu spielen. Ich behielt ihn noch nicht einmal im Auge und wandte mich stattdessen meinen Freundinnen zu, als sich der Automat plötzlich meldete. Und dann signalisierte er mir, dass ich viel Geld gewonnen hatte!

An jenem Tag gewann ich eine hohe Summe, die die Tierarztrechnungen für Redgie mehr als deckte. Ich weinte vor Freude und empfand große Dankbarkeit. Auch wenn Gott und meine Engel ständig mit mir sprechen, war das selbst nach meinen Erfahrungen spektakulär!

Redgie lernt jetzt wieder, Menschen zu vertrauen, und wir lieben seine einzigartige kleine Persönlichkeit. Obwohl er den Großteil des Tages in seinem Versteck verbringt, kommt er bei meiner Rückkehr an und setzt sich neben mich, wenn ich lese oder male.

Ich meine das war ein echter himmlischer »Goldregen«, und auch hier war Synchronizität im Spiel. Wenn wir Hilfe brauchen, um andere zu unterstützen, lässt der kosmische Geldautomat Münzen regnen – in Astrids Fall sogar buchstäblich!

Meine letzte Geschichte handelt von einer anderen Art der unmittelbaren Botschaften – diesmal von einem geliebten Menschen. Vor ungefähr einem Jahr war ich gerade damit fertig, Bücher zu signieren, und rauchte vor dem Buchladen eine Zigarette. Eine der weiblichen Besucher stellte sich zu mir, und nachdem wir uns übers Wetter unterhalten hatten, fragte sie, ob sie mir etwas erzählen dürfte, was sie erlebt hatte. »Natürlich«, sagte ich.

»Was halten Sie von dieser Geschichte?«, fragte sie und erzählte, dass ihr Mann ein paar Jahre zuvor verstorben war, und das so plötzlich, dass sie sich nicht mehr von ihm hatte verabschieden können. Fast auf den Tag ein Jahr später hatte sie einen seltsamen Traum über ihn, der merkwürdig plastisch war. Im Traum stand sie in ihrer Küche, und ihr Mann kam zur Hintertür herein, so wie er es oft nach der Arbeit getan hatte – er war Bauunternehmer gewesen und nach dem Tag auf einer Baustelle häufig voller Schlamm und Staub gewesen. Daher sollte er durch den Garten ins Haus gehen, um nicht den Teppichboden schmutzig zu machen. Doch statt zu ihr zu kommen und ihr einen Kuss zu geben, machte er die Hintertür noch weiter auf und eine Katze stolzierte in die Küche. Sie war pechschwarz mit weißen Pfoten und einem weißen Fleck auf der Nase. Die Katze lief schnurstracks zu ihr hin, sprang sie an und schmiegte sich an sie. Ihr Mann lachte im Traum zufrieden und ging wieder zur Tür hinaus. Dann war sie aufgewacht.

Ein paar Tage später stand sie in der Küche und hörte ein Miauen. Daher ging sie an die Hintertür und öffnete sie. Ein pechschwarzer Kater mit weißen Pfoten und einem weißen Fleck auf der Nase kam hinein und rieb sich schnurrend an ihrem Bein. Der Kater trug kein Halsband – es war, als wäre er aus dem Nichts erschienen.

Die Frau hatte noch nie eine Katze gehabt, doch das schien ihren neuen Freund nicht zu stören. Er zog in ihr Haus ein und machte es sich dort gemütlich. Aufgrund seiner Flecken nannte sie ihn »Fife Spots«.

Als sie mit ihrer Geschichte fertig war, fragte sie mich, ob ich glaubte, er sei ein Geschenk ihres Mannes. »Glauben Sie, der Kater ist ein Geschenk von ihm?«, fragte ich zurück. Ohne zu zögern, sagte sie: »Ja, ich hab das Gefühl. Ich glaube, er ist mir im Traum erschienen, um mir diesen Kater zu bringen.«

Kapitel 6

Menschen, die mit Tieren sprechen können

Jedes schottische Schulkind lernt die wahre Geschichte des kleinen Skye Terriers, der liebevoll Greyfriars Bobby genannt wurde. Bobby war der Wachhund eines Polizisten namens John Gray, der in einem der ärmsten Viertel von Edinburgh Streifendienst machte. Als Bobbys Herrchen an Tuberkulose starb, trauerte der Hund sehr. Er lief dem Trauerzug bis zum Friedhof von Greyfriars hinterher und musste vom Grab seines Herrchens weggetragen werden. In der Wohnung der Grays heulte er während des ganzen Totenmahls, und in derselben Nacht büxte er aus und rannte wieder zum Grab seines Besitzers. Er verbrachte die restlichen 14 Jahre seines Lebens an John Grays unmarkiertem Grab und bewachte es, so wie er es als Polizeihund gelernt hatte. Die Leute in der Nachbarschaft kannten den Hund gut. In bitterkalten Nächten holten sie ihn ins Haus, und ihm wurde täglich von einem Gasthaus eine kostenlose Mahlzeit serviert, aber er kehrte immer zu seinem Herrchen zurück.

Die meisten Leute halten Bobby für den faszinierendsten Protagonisten dieser Geschichte, und er bewies unglaubliche Treue. Ich selbst bin jedoch eher an John Gray interessiert, über den nur wenig bekannt ist. Er hatte bei dem Hund eine Loyalität hervorgerufen, die noch lange nach seinem Tod anhielt, obwohl es viele andere freundliche Menschen gab, die bereit waren, den Hund zu versorgen. Um so etwas Einzigartiges möglich zu machen, muss man schon ein besonderer Mensch sein, der außerordentlich mitfühlend zu Tieren ist.

Ann Heron, der Mutter von Ralph Cockburn, bin ich zwar nie begegnet, aber auch sie muss dieses Mitgefühl gehabt haben, denn ihr Hund Heidi liebte sie über alles. Im Folgenden erzählt Ralph die Geschichte:

> *Im August 1990 wurde meine Mutter ermordet, während sie sich in ihrem Garten in einem Dorf in der Nähe von Darlington sonnte. Der Fall ist noch immer ungelöst und kam in alle Medien. Sie hatte eine englische Colliehündin namens Heidi, die nicht von ihrer Seite wich und die sie sich schon als Welpe angeschafft hatte. Eines der ungeklärten Rätsel der Dinge, die an diesem Tag geschahen, ist, dass Heidi nach der Ermordung meiner Mutter für mehrere Stunden verschwunden war. Das war für eine scheue, doch sehr anhängliche Hündin wie sie ungewöhnlich. Sie kam erst ein paar Stunden später wieder zurück, als die Leiche meiner Mutter gefunden worden war und die Polizei schon da war.*
>
> *Sie war damals noch ein dreijähriger junger Hund, aber sie starb nur zwei Wochen später. Mir kann keiner erzählen, dass sie nicht an einem gebrochenen Herzen starb.*

Manche Leute haben nichts für Tiere übrig oder denken sich nichts dabei, wenn sie Tiere quälen. Sie sind auf ihre eigenen Spielchen im Leben fixiert und sehen nicht über den Tellerrand hinaus. Sie glauben, Tiere wären dazu da, um benutzt, ignoriert oder missbraucht zu werden. Dann gibt es Leute, die zwar Tiere lieben, aber auch nur, wenn sie aus ihnen etwas »Menschliches« machen können, was bedeutet, seine eigene Persönlichkeit einem anderen Lebewesen aufzuzwingen und zu erwarten, dass es einen selber spiegelt. Und es gibt auch Leute, die der Welt um sich herum viel mehr Beachtung schenken und mehr davon zulassen. Solche Menschen sind meist fähig, einen Hund so zu nehmen, wie er ist, ihn einhundert Prozent Hund sein zu lassen oder ihm eine Aufgabe zu geben, die sein Wesen formt – wie beispielsweise etwas zu bewachen oder Drogen zu riechen. Vermutlich war John Gray so ein Mensch.

Menschen, die echtes Mitgefühl mit Tieren haben, wurden früher als gefährlich und unheimlich angesehen – als »Hexen«, die von ihrer Umwelt gemieden – oder Schlimmeres – wurden. Ich glaube, wenn man so wirkt, als würde man einem Haustier »zu nahe« stehen, wird man noch heute schief angesehen. Tatsache ist jedoch, dass Menschen, die als Hellseher betrachtet werden, oft naturverbundener sind und daher das Wesen ihres Tiers klarer erkennen können. Ihre Katze ist beispielsweise ihr Kumpel, ihr bester Freund, und sie verstehen, dass sie nicht nur ein Tier ist, sondern ein fühlendes Lebewesen, das mit Respekt und Mitgefühl behandelt werden muss. In früheren Zeiten wäre so jemand als eine Person angesehen worden, die Tiere verhext. In Wahrheit war es andersherum: Die Tiere haben die Person verzaubert. Daran ist nichts Übernatürliches.

Alle Tierarten werden von solchen Menschen angezogen, im Wissen, dass sie von ihnen als Lebewesen mit eigenen Rechten betrachtet und behandelt werden. Meine Freundin Dronma ist ein gutes Beispiel dafür: Sie schätzt Tiere über alles und als Buddhistin, die ihre Gebete immer mit dem Wunsch beendete, dass »alle Lebewesen glücklich sein sollen«, gilt ihr Mitgefühl täglich sämtlichen Lebensformen. Sie wägt nicht zwischen den einzelnen Lebewesen ab – die Barrieren zwischen den Spezies gelten für sie nicht, und sie schätzt jede Lebensform um ihrer selbst willen.

Dronma gehört zu den Menschen, denen alle Tierarten instinktiv vertrauen. Ich erinnere mich noch daran, als sie sich Bienen hielt. Wenn sie auf der Straße ging, flogen die Bienen um sie herum und leisteten ihr Gesellschaft! Wenn Dronma auf einer Wiese steht, kommen die Rehe zutraulich zu ihr. Ihre Philosophie lautet: »Wenn sie mich nicht stören, störe ich sie auch nicht.« Wie sie mir erzählt hat, krochen Klapperschlangen über ihre Beine, während sie in der Wüste in Arizona malte.

Als sie mit ihrer Tochter schwanger war, hatte sie eine Katze, die auch gerade schwanger war. Sie machten gemeinsam ihre Mittagsschläfchen, bei denen die Katze auf Dronmas Bauch lag. Als Dronma im achten Monat war, bekam die Katze ihre Jungen. Während eines ihrer Mittagsschläfchen kam die Katze mit einem ihrer Babys in ihr Zimmer, sprang auf ihr Bett und legte das Kätzchen auf Dronmas Bauch. Dann sprang sie wieder herunter und trottete hinaus.

Dronma nahm das Junge und wollte es wieder in den Katzenkorb bringen. Doch auf der Treppe begegnete sie ihrer Katze, die ein zweites Kätzchen im Maul trug. Dronma brachte beide Jungen zurück in ihr Katzenbettchen und legte sich wieder hin, doch die Katze kam mit dem dritten Jungen an und legte es ihr auf den Bauch. Da wurde Dronma klar, dass die Katzenmama etwas damit bezweckte. Daher blieb sie still liegen, während ihre Katze so lange treppauf und treppab lief, bis sie alle Jungen nach oben gebracht und Dronma auf den Bauch gelegt hatte. Anschließend ging die Katze nach draußen, um ein bisschen zu jagen oder was immer sie vorhatte. Dann kehrte sie zurück und holte ein Baby nach dem anderen wieder bei Dronma ab. Offensichtlich vertraute sie Dronma so sehr, dass sie sie für eine gute Babysitterin hielt.

Tiere, wie beispielsweise Hunde und Katzen, die so feinfühlig sind, dass sie sich anderen Spezies öffnen und von uns zähmen lassen, haben eine Art Radar für Menschen wie Dronma. Dieser Radar funktioniert, ähnlich wie bei der Telepathie, durch Verbundenheit.

Wenn ein Tier Ihnen so sehr vertraut, wie Dronmas Katze ihr vertraute, spürt es, dass Sie Empathie zu ihm empfinden, und akzeptiert Sie als Teil seines Lebens. Tiere können sehr schnell Vertrauen entwickeln und fragen sich nicht ewig, ob sie damit einen Fehler gemacht haben. Sie vertrauen einem, bis man dieses Vertrauen missbraucht, und bei manchen Hunden vertrauen sie trotzdem weiterhin. Sie verschwenden keine Zeit darauf, sich zu fragen, wie die anderen Tiere ihr Vertrauen bewerten!

Ein Vertrauensbruch geht immer auf unser Konto, nie auf das des Tiers. Nur sehr selten hört man, dass ein Tier »grundlos« einen Menschen angegriffen hat, mit Ausnahme der armen »Teufelshunde«, denen Aggression angezüchtet und antrainiert wird. Normalerweise liebt ein Hund seinen Besitzer und ist bemüht, ihm immer noch zu zeigen, dass er ihn liebt, selbst wenn sein Herrchen ihn schlägt oder misshandelt – und selbst dann versucht er, sich bei seinem Halter zu entschuldigen. Er ist traurig, weil die Liebe, die er zeigen will, nicht verstanden wird. Kein Wunder, dass Hunde so glücklich sind, wenn sie jemanden finden, der sie schätzt.

Wenn man Tiere aufnimmt und ihnen eine neue menschliche Familie schenkt, nimmt man sie auf eine ganz andere Reise mit. Dann müssen sie ihren Instinkt und ihr Verhalten Ihnen anpassen. Vielleicht tun sie etwas, was zwar ihrer Denkweise entspricht, ihnen aber einen Klaps oder Verweis von ihrem Menschen einbringt. Möglicherweise zeigen wir ihnen die falsche Körpersprache oder verwirren sie, indem wir ihnen erlauben, dominant zu sein – und dann unsere Mahlzeit essen, bevor wir sie füttern.

Womöglich sagen Sie, Sie hätten eine antisoziale Katze oder einen Hund, der nicht auf Sie hört, aber dann irren Sie – die Tiere haben nur gelernt, dass Menschen sich nicht für sie interessieren, und deshalb bemühen sie sich auch nicht!

Wie knüpft man also dieses Band zu einem Tier? Oft braucht es nur seine Zeit. Ich glaube nicht, dass manche Leute von Natur aus mit Tieren sprechen können. Manche Leute nehmen sich einfach nur die Zeit, sie zu beobachten und zu verstehen.

Ich setze mich zu Meg und achte auf ihre Ohren, ihren Gesichtsausdruck und wie sie beim Zuhören den Kopf schräg hält. Warum sollte ein Tier in der Menschensprache »denken«, wenn es längst eine weitaus feinere und schönere Sprache hat, in der es kommuniziert? Und wenn Sie Wege finden, wie Sie mit Tieren kommunizieren und sie als Mitgeschöpfe ernst nehmen können, werden Sie ihre Verletzungen, Ängste und Gefühle wahrnehmen. Dann werden sie die Verbundenheit, die Sie ihnen bieten, gerne annehmen.

Der Sohn von Anna O'Callaghan aus dem Bezirk Meath in Irland war ein ruhiger, einfühlsamer junger Mann, der – wie Dronma – wirklich mit Tieren »sprechen« konnte.

Mein Sohn Martin liebte Tiere von klein auf. Schon als Kind wollte er Tierarzt werden, damit er ihnen helfen könnte. Er hatte eine ganz besondere Art, mit Tieren umzugehen: Sie kamen automatisch zu ihm, und er konnte sich mit ihnen identifizieren. Wenn er auf einen wild knurrenden Hund zuging, beruhigte sich der Hund, sobald er ihn sah, und ließ sich von ihm streicheln. Er wuchs mit einem kleinen weißen Jack Russell Terrier namens Snowy auf, der sechzehn Jahre alt wurde und den er über alles liebte.

Martin hatte schon die Hälfte seines Studiums absolviert und arbeitete als Praktikant bei einem Tierarzt, als er von einem Hund namens Sparky hörte, der ein neues Zuhause brauchte. Der Collie gehörte einem Bauern und hatte das Vieh auf der Farm gejagt. Daher wurde er nun draußen an der Kette gehalten und sollte in vier Tagen eingeschläfert werden. Martin überredete den Besitzer, ihm Sparky zu überlassen, und der Hund war ihm von Anfang an treu ergeben.

Da Martin vier Tage in der Woche auf dem College war, kümmerten sich mein Mann und ich in der Zwischenzeit um Sparky. Doch jeden Freitagnachmittag um halb vier sprang der Hund auf eine Bank in unserem Garten und starrte durch das Fenster, um zu sehen, wann Martin zur Haustür hereinkam. Er blieb regungslos am Fenster stehen, bis er Martin sah. Wenn man sich vor ihn hinstellte, schaute er einem nur über die Schulter, ohne sich zu rühren. Wenn man ihm Leckerchen anbot, rührte er sie nicht an. Er wartete geschlagene drei Stunden auf die Rückkehr seines Herrchens. Ihn interessierte nur, Martin wiederzusehen, und wenn mein Sohn so tat, als würde er den Hund bei seiner Ankunft nicht sehen, klopfte Sparky mit der Pfote so lange gegen das Fenster, bis er ihn sah.

Martin war zwar sehr klug und sensibel, aber er litt unter schweren Depressionen und verausgabte sich bei dem Versuch, anderen zu helfen. Er war ein Mitglied der Dublin Society for the Prevention of Cruelty to Animals (Verein gegen die Misshandlung von Tieren in Dublin) und wollte sein Leben nach seiner Ausbildung zum Tierarzt schutzbedürftigen Tieren widmen. Manchmal nahm er Antidepressiva, doch wenn es ihm wieder besser ging, sagte er mir, es ginge ihm blendend. Dann versuchte er, ohne die Medikamente auszukommen. Doch wenn die Depressionen wieder einsetzten, zog er sich von allen zurück und versicherte, alles sei in Ordnung.

Wenn seine Stimmung im Keller war, wurde Sparky zu seinem Beschützer. Versuchte ich dann, Martins Schultern zu massieren oder ihm über den Kopf zu streicheln, stellte sich Sparky zwischen uns und drückte mich weg. Dann legte er Martin die Pfoten auf die Schultern und senkte den Kopf, so dass sein Kopf an Martins Kopf lehnte.

Ein paar Monate bevor Martin seinen Abschluss machen sollte, fing Sparky plötzlich damit an, jeden Abend bis spät in die Nacht hinein zu bellen. Zuerst hielten wir die Silvesterböller für den Grund – es war gegen Ende Oktober/Anfang November, doch er bellte wochenlang, bis in den Dezember hinein, und machte uns ganz verrückt. Gewöhnlich war Sparky ein ruhiger Hund, und dieses Gebell passte gar nicht zu ihm.

Meine Großmutter sagte immer, Hunde würden bellen, wenn jemand bald sterben würde. Wie ich vermute, bellte Sparky damals, weil viele Seelen ins Haus kamen, um bei der Familie zu sein. Im Dezember – neun Wochen vor Beginn seines Abschlussexamens – beging Martin Selbstmord. In den vorherigen Monaten hatte sich sein Zustand immer mehr verschlechtert, und auch wenn sein Arzt gedacht hatte, es würde ihm bald wieder besser gehen, wirkten die Antidepressiva, die Martin einnahm, nicht ausreichend.

An dem Vormittag, an dem Martin für die Beerdigung abgeholt wurde, war Sparky hinten im Garten. Zwischen ihm und seinem Herrchen befanden sich zwar drei Zimmer, doch er hörte nicht auf zu jaulen und schaute immer wieder in den Himmel. Mein Mann musste Martins Seite verlassen, um zu Sparky zu gehen und zu versuchen, ihn zu beruhigen.

Nach der Totenwache knurrte Sparky jeden an, der in Cordkleidung – die Martin immer getragen hatte – in den Garten kam. Er ist ein toller, ruhiger Hund und hat das seitdem nie mehr gemacht.

Ein paar Tage nach der Beerdigung beschloss unser anderer Sohn Fergal, mit Sparky zum Friedhof zu gehen, um zu sehen, ob er sich dort anders verhielt oder spüren konnte, wo Martin hingegangen war. Ich fuhr sie zum Friedhof, und als wir ausstiegen, legte Fergal Sparky die Leine an und ließ sich von ihm führen. Der Hund zerrte ihn geradewegs zu Martins Grab und setzte sich mit dem Rücken zum Grabstein ans Fußende. Dort blieb er sitzen und schaute wieder in den Himmel. Mittlerweile weigert er sich, bis ans Grab zu gehen, wenn wir ihn mit auf den Friedhof nehmen, egal wie sehr wir ihn locken.

Heutzutage geht mein Mann gerne mit Sparky spazieren, und es hat uns gutgetan, ihn bei uns zu haben – er treibt uns aus dem Haus und hilft uns sehr, das Geschehene zu verarbeiten. Er ist alles, was wir von Martin noch haben.

Martin ist aber noch bei uns und zeigt uns auch, dass er in der Nähe ist. Acht Wochen nach seinem Tod stellte die Society for the Prevention of Cruelty to Animals in Dublin eine Gedenkplakette für ihn auf, und ich nahm an der

Einweihung teil. Vor seinem Tod hatte Martin ein Bittgesuch aus Lourdes mit sich herumgetragen. Darauf war alles aufgelistet, was er erreichen wollte. An oberster Stelle stand, Geld für den DSPCA (Tierschutzverband) zu sammeln.

Mein Mann machte viele Fotos von der Einweihungsfeier und schickte den Film ein, um ihn entwickeln zu lassen. Als wir die Fotos erhielten, war ich ein wenig enttäuscht, weil auf der einen Seite der Plakette ein Schatten lag und ich deshalb die eingravierte Schrift nicht lesen konnte. Doch ein Jahr darauf packte mich die Neugier. Ich brachte zwei der Fotos zu einem Fotoladen und bat sie, die Plakette zu vergrößern. Und tatsächlich: Jedes Mal, wenn ich die Vergrößerung jemandem zeigte, der meinen Sohn gekannt hatte, sagte er, der Schatten trägt die Züge von Martins Gesicht.

Daraufhin untersuchte ich die anderen Fotos auf der Kontaktkopie. Auf einem von ihnen befindet sich ein weißer Fleck auf der Plakette. Es ist sehr seltsam: Wenn man sich die Kontaktkopie unter der Lupe ansieht, erkennt man in den weißen Umrissen Martins ersten Hund Snowy.

Vor ein paar Wochen fuhr ich übers Wochenende weg und ließ Martin ganz bewusst wissen, dass er ein Bild in unserem Haus von der Stelle bewegen sollte, falls er uns besuchte, damit wir daran erkennen könnten, dass er da gewesen war. Nach meiner Rückkehr stieg ich auf die Leiter, um die Deckenlampe in Fergals Zimmer abzustauben. Da bemerkte ich, dass ein Foto, das in einem schweren Rahmen steckt und normalerweise an einer Wand hing, nun oben auf dem Türrahmen stand. Ich rief Fergal an und fragte ihn, warum er das Bild dahin gestellt hatte – es hätte herunterfallen und jemanden, der zur Tür hereinkam, treffen können. Er war jedoch genauso verwundert wie ich. Mein Mann wusste auch nicht, wie das Foto dorthin gekommen war. Ich frage mich, wer es wohl von seiner Stelle bewegt hat.

Mitunter geschehen seltsame Dinge, beispielsweise Gesichter, die auf Fotos auftauchen, und ein Bild, das bewegt wurde. Es liegt an uns, ob wir sie hinterfragen oder nicht. Doch wenn solche Dinge als Mitteilungen aus der geistigen Welt verstanden werden, warum sollten sie dann noch angezweifelt werden? Ich wette, Sparky hätte nicht den leisesten Zweifel daran gehabt.

In einer Radiosendung des Hay House Kanals sprach ich mit Vicky Wade aus Oregon in den USA, als sie in der Sendung anrief und mir von einem außergewöhnlichen Haustier berichtete, das sich immer noch bemerkbar machte und ein sehr enges Band zu ihrem Mann gehabt hatte.

Stella war das letztgeborene Zicklein eines Trios. Mein Mann und ich waren gerade von einer Einkaufstour in der Stadt zurückgekommen, auf der wir noch mehr Ziegenfutter gekauft hatten, als ihre Mutter Amber sie zur Welt brachte. Stella war eine anglo-nubische Ziege. Sie war pechschwarz mit einem kleinen weißen Fleck auf der Stirn und einem Brustfleck in Rautenform. Ich wickelte sie in ein Handtuch und reichte sie meinem Mann Bob, der auf dem Boden lag und sie vorsichtig trocknete, während er sie streichelte und mit sanfter Stimme beruhigte. Sie wurde ruhig und schlief schließlich auf seiner Brust ein.

Da sie ein Zicklein unter Drillingen war, zogen wir sie von Anfang an mit der Flasche auf. Schon bald hing sie an Bob. Ihr Meckern klang anders als das unserer anderen Ziegen, und immer wenn mein Mann aus ihrem Blickfeld verschwand, kreischte sie! Im zarten Alter von zwei Wochen kroch sie schon unter den Holzofen im Wohnzimmer, um an einem warmen Ort zu schlafen, und streckte das Köpfchen heraus, damit sie beim Aufwachen als Erstes Bob sah. Wenn er das Haus verließ, kroch sie hervor und lief ihm hinterher, und wenn es regnete, blieb sie auf der Veranda stehen und meckerte, bis er wieder ins Haus kam. Ich musste ihr sagen, dass er gleich wiederkommen würde, und dann beruhigte sie sich.

Wir hatten im Flur vor unserem Schlafzimmer ein Gitter montiert, weil wir schlafen wollten, ohne von einer Ziege geweckt zu werden, die mitten in der Nacht aufs Bett sprang, da wir die Schlafzimmertür immer offen ließen. Stella bewachte uns vom Flur aus, wo sie auf einem großen Kissen lag. Als sich Bob von einer Teilamputation erholte, montierten wir am Fußende des Betts einen Fernseher mit einem großen Bildschirm, und Stella leistete ihm beim Fernsehen Gesellschaft, bis sie einschlief. Sie blieb die ganze Nacht dort liegen und wartete so lange, bis er morgens aufwachte.

Die Liebe war gegenseitig. Nach Bobs Meinung tat Stella nie etwas Unrechtes. Wenn er unter einem der Autos lag, um es zu reparieren, kniete sie sich neben ihn und spähte unter den Wagen, um ihm zuzusehen. Dann lachte er und streichelte sie; er küsste und koste ihr Gesicht, und sie genoss jede Minute. Sie wedelte mit dem Schwanz, scharrte mit den

Hufen, sprang in die Luft und rannte im Kreis herum, während sie ihm folgte. Je mehr er lachte, umso mehr gab sie an.

Wenn Bob in seinem Freizeitzimmer am Tisch saß und Patiencen spielte, setzte sich Stella ihm gegenüber auf den Stuhl und brachte die Karten durcheinander. Sie zerkaute sie nie, sondern verschob sie nur mit der Schnauze. Meistens rollte sie sich jedoch neben seinem Stuhl zusammen und schlief. Von Zeit zu Zeit streichelte er sie, während er eine Zeitschrift las. Es reichte ihnen, einfach nur zusammen zu sein.

In der Nacht, in der Stella an Mineralmangel starb, der zu Leber- und Nierenversagen führte, waren Bob und ich verzweifelt und weinten viel. Wir wickelten sie in eine neue Decke und begruben sie auf unserem Grundstück. Auf ihr Grab setzten wir einen Grabstein.

Bobs Gedanken waren noch tagelang bei Stella. Wenn er über sie sprach, kamen ihm die Tränen. Er hatte keinen Spaß mehr an Patiencen. Zwar spürte er ihre Gegenwart am Spieltisch, aber irgendwann gab er das Patiencespiel auf, weil er Stella zu sehr vermisste.

Als er eines Morgens neben dem Holzofen saß und seinen Morgenkaffee trank, spürte er ein zärtliches Reiben an seinem Unterschenkel, genau an der Stelle, an der sich Stella immer an ihn angelehnt hatte. So verblüfft und fassungslos habe ich ihn noch nie erlebt.

»Ich glaube, Stella ist hier«, sagte er leise. »Kann das sein?« Wir hatten uns darüber unterhalten, ob auch Tiere Seelen haben und sich nach ihrem Tod bemerkbar machen können.

»Natürlich«, sagte ich. »Bestätige ihr, dass du sie fühlen kannst, indem du sie so streichelst wie früher.«

Zögernd streckte er die Hand aus und streichelte ihr unsichtbares Fell. Im selben Augenblick streckte Daffodil, eines unserer beiden sechs Monate alten Zicklein, den Kopf vor und drückte die Stirn an sein anderes Knie. Auch sie vermisste Stella und bestätigte durch diese Geste Stellas Gegenwart.

Wir wissen, dass Stella noch bei uns ist und vom Jenseits aus mit uns kommuniziert, was uns weniger traurig macht. Wir wissen, dass sie keine gewöhnliche Ziege war, sondern zu uns gekommen ist, um Bob in einer schweren Zeit zur Seite zu stehen und ihm bei seiner Heilung zu helfen.

Manchmal spricht er zu Stella, als wäre sie noch da, und es gibt Momente, in denen ich das Futter für die anderen Ziegen vorbereite und spüre, wie Stella mich am Ellbogen stupst, während sie mir beim Schneiden der Äpfel, Möhren und Bananen zusieht. Und während ich ein paar Trauben untermische, fühle ich, dass sie sich die Lippen leckt, weil das ihr Lieblingsessen war.

Vicky ist fest davon überzeugt, dass die Wahrnehmungen ihres Mannes real waren, und ich glaube, es hat sie besonders berührt, weil er eher skeptisch war und nicht jemand ist, der über so ein Thema spricht. Doch Bob konnte nicht leugnen, dass Stella zurückgekommen war und dass er sich sehr darüber gefreut hat.

Kapitel 7

Telepathie

Ich war zu Hause im Sessel eingedöst, als es sich urplötzlich so anfühlte, als würde der Sessel beben und ich aus meinem Körper herausgehoben werden. Das Erste, was ich sah, als ich auf meinen Körper im Sessel herunterblickte, war meine rotblonde Setterhündin Lassie. Dann befand ich mich in einer Landschaft aus Feldern. Eine ganze Horde Tiere näherte sich über einen Hügel – alle möglichen Tierarten waren dabei, und ich hatte das schöne Gefühl, dass weder ich vor ihnen noch sie vor mir Angst hatten. Es fühlte sich an wie ein großes Familientreffen, anders lässt sich das berauschende Gefühl nicht beschreiben. Es war eine wundervolle Szene und fühlte sich ganz real an, so als würde ich wirklich zwischen den Fasanenfeldern stehen. Noch besser war, dass wir alle ohne Umwege miteinander kommunizieren konnten – es war wie in einem Disneyfilm, und ich war mittendrin, wie Dr. Doolittle!

Wenn ich aus dieser Erfahrung irgendetwas gelernt habe, dann, dass man zum Kommunizieren nicht unbedingt reden muss. Auch wenn die Tiere und ich fast nur schwiegen, konnte man in diesem Schweigen mehr hören und verstehen als auf sämtlichen Kommunikationswegen, auf denen wir Menschen uns ständig per Handy und E-Mail zu verständigen versuchen.

Ich habe Telepathie zwar schon oft als einen Gefühlsimpuls beschrieben – einen Impuls, der Zeit sowie das tierische und das menschliche

Bewusstsein überwinden kann –, doch wie ist es wirklich, die Botschaft zu erleben? Meine außerkörperliche Erfahrung ließ es mich ahnen, aber man muss sich nicht in eine Trance begeben, um es zu fühlen, und es ist eine Erfahrung, die demütig macht.

Vor ein paar Jahren bereiste ich mit meinem Sohn Paul Südafrika, wo wir ein Wildtierreservat besuchten. Der Höhepunkt unseres Besuchs war die Begegnung mit einem Geparden im Reservat. Zwei dieser atemberaubenden Wildkatzen saßen in einem Zwinger, und der Tierpfleger fragte, ob jemand eine der Katzen streicheln wolle. Das männliche Tier war riesig, größer als ein Windhund, und hatte einen dünnen, platten Schwanz mit pinselartiger Spitze und einen kleinen Kopf. Er hieß Lord Byron. Sein Pfleger sagte, wenn wir uns ihm näherten, dürften wir keine Nervosität zeigen und ihm auf keinen Fall in die Augen sehen, da er das als Aggression werten würde. »Nähern Sie sich ihm von hinten«, riet er uns. »Wenn Sie frontal auf ihn zugehen, glaubt er, Sie wollten ihn angreifen. Dann setzt er zum Sprung an, und das war's dann.«

Paul und ich betraten den Zwinger mit gesenktem Kopf und stellten uns neben die Wildkatze. Lord Byrons Ohren waren in meiner Reichweite, doch nicht zu nahe. Der Tierpfleger ermutigte mich: »Streicheln Sie ihn. Streicheln Sie seinen Rücken.« Also streckte ich zögernd die Hand aus und strich ihm über die Rippen. Die Wildkatze drehte mir langsam den Kopf zu, und ich sah nicht auf. Lord Byron starrte mich an. Er musterte mich regelrecht, und sein Pfleger sagte: »Reagieren Sie! Tun Sie irgendwas, aber mit gesenktem Kopf.« Irgendwann wandte sich die Wildkatze von mir ab und ließ sich weiter von mir streicheln. Dann begann sie, wie ein riesiges Kätzchen zu schnurren. Der arme Paul litt Todesängste!

Lord Byron war faszinierend. Er ruhte in sich, und wenn man sich ihm näherte, begab man sich spürbar in sein Terrain und nicht umgekehrt. Ich empfand großen Respekt für ihn, für sein wildes Wesen und seine Unschuld.

Für mich waren die Kraft und die Ruhe, die er ausstrahlte, reine Telepathie, und ich reagierte darauf, indem ich ihm liebevolle Gedanken schickte – »Du bist so schön, du strahlst so viel Ruhe aus«, weil ich wusste, dass er meine Emotionen lesen konnte. Tiere reagieren auf jede Gefühlsregung, und als Medium hatte ich schon eine Menge Übung darin, wie ich meine eigenen Gefühle prüfen konnte. Wenn mir zum Beispiel nach Weinen zumute ist – kommt das Gefühl dann von mir oder aus der geistigen Welt?

Wie können auch Sie diese telepathische Verbindung zu Tieren aufbauen? Als Allererstes müssen Sie die Vorstellung, es hätte irgendwas mit Denken zu tun, vergessen. Denken Sie nicht »Komm her«, denn das funktioniert nicht. Sie müssen die Nähe des Hundes oder der Katze wirklich *wollen*. Tiere spüren Ihre Emotionen – Ihre Freude, Ihre Angst. Dadurch »wissen« sie, wenn Sie sie brauchen, und das ist die reinste Form der Telepathie. Allein das Wort »Telepathie« kommt von *telos* (»weit weg« oder »fern«) und von *patheia* (»beeinflusst von« oder »erlebt«) und hat nichts mit »Gedanken« zu tun. Wir besitzen eindeutig telepathische Fähigkeiten – Wie oft können Sie beispielsweise darauf wetten, dass jemand verärgert ist? –, denn es ist etwas, was ausgestrahlt wird, selbst wenn der Besagte versucht, seinen Ärger mental zu unterdrücken.

Auch wenn wir alle diese telepathische Fähigkeit haben, bemühen wir uns häufig, eine logische Erklärung für das zu finden, was wir empfangen. Das funktioniert jedoch nicht. Ich war einmal auf einer Tour in Italien und war gerade in meinem Hotelzimmer zu Bett gegangen, als ich plötzlich von einem Jaulen und Winseln aufgeschreckt wurde. Es klang genau wie Charlie. Ich war so perplex, dass ich beinahe am Fußende nach ihm gesucht hätte. Das Winseln war so laut und so echt, dass es nicht so klang, als wäre es nur in meinem Kopf. Ich legte mich wieder hin und wunderte mich, was es wohl zu bedeuten hatte. Da hörte ich es erneut. Ich griff sofort nach dem Telefon auf dem Nachttisch und rief Jim an, den mein Anruf um Mitternacht ziemlich überraschte.

»Ist mit Charlie alles in Ordnung?«

»Na ja, er hat heute Abend nicht gefressen und bemitleidet sich ein bisschen selbst.«

»Hör zu, du musst ihn so schnell wie möglich zum Tierarzt bringen.« Ich berichtete ihm von dem Winseln und dem Jaulen, das ich gehört hatte, und von meinem konkreten Verdacht, dass mit ihm was nicht stimmte.

Jim hielt es nicht für so dringend. »Ich bin sicher, dass ihm nichts weiter fehlt. Er hat wahrscheinlich draußen irgendwas gefressen, was ihm nicht bekommt, und er wird es bald ausspucken. Ich werde schauen, wie es ihm morgen früh geht.«

Widerstrebend ließ ich es darauf beruhen und versuchte einzuschlafen. Doch am nächsten Morgen wachte ich mit starken Bauchschmerzen auf und war sicher, dass sie nicht vom Abendessen herrührten. Sie fühlten sich schrecklich an, schon fast unheimlich. Ich rief Jim noch mal an.

»Wie geht es Charlie?«

»Er springt nicht gerade herum, aber es scheint ihm so weit gutzugehen.«

»Hör zu, du musst mit ihm zum Tierarzt gehen.«

»Ich hab keine Zeit, und du solltest ihn sehen – er wirkt wirklich nicht krank. Was immer er hat, wird er wahrscheinlich verdauen und bald wieder fit sein.«

Das konnte ich nicht zulassen. »Ich meine es ernst. Er sagt mir, dass mit ihm etwas nicht stimmt. Vielleicht sieht man es ihm nicht an, aber es ist eindeutig was Ernstes.«

Am Ende versprach Jim mir, ihn zum Tierarzt zu bringen. Wie sich herausstellte, hatte Charlie tatsächlich auf dem Spaziergang etwas gefressen, was ihm nicht bekommen war – zwei riesige Steine. Er nahm beim Gassigehen immer Steine auf, um auf ihnen herumzukauen, und dieses Mal hatte er zwei Steine heruntergeschluckt. Wie die Röntgenaufnahmen zeigten, lagen sie nun wie Bomben in seinem Magen. Die scharfen Kanten eines Steins hatten schon die Magendecke durchschnitten und Magensäure war ausgeflossen. Der Tierarzt machte eine Notoperation. Wie er uns hinterher sagte, wäre Charlie ohne die sofortige OP schon bald unter starken Schmerzen gestorben. Er staunte auch über die Größe der Steine. Wir hoben sie jahrelang auf, und alle wunderten sich, wie Charlie es überhaupt geschafft hatte, sie herunterzuwürgen!

Wie hatte ich aus der großen Entfernung wissen können, dass mit Charlie etwas nicht stimmte? Die übersinnliche Verbindung, die wir zu unseren Haustieren haben, ist stark und nicht anders als die Verbindung zu geliebten Menschen. Wenn jemand leidet oder Probleme hat, besteht eine Verbindung aus Liebe, die es uns ermöglicht, in schlechten Zeiten Kontakt zu ihm aufzunehmen, auch wenn er außer Reichweite ist.

Charlie schaffte es, mir seine Stimme zu senden, so dass ich sein Winseln hören konnte. Ihr inneres Ohr ist jedoch nicht das einzige Sinnesorgan, das für tierische Telepathie empfänglich ist. Eleni Barbetsea-

Baillie aus Castle Douglas in Schottland hatte einen prächtigen weißen Kater mit ausgezeichneten Kommunikationsfähigkeiten. Wenn er in Schwierigkeiten steckte, hatte er eine direkte Verbindung zu seinem Frauchen!

Ich wuchs in Athen mit einem wunderschönen weißen Kater auf, den wir Zizikos nannten. Ich kannte auch seine Mutter Zouzou, da sie einem Nachbarn in unserem Haus gehörte. Zouzou besaß eine ganz eigene Persönlichkeit. Auch sie war weiß und hatte ein blaues und ein grünes Auge. Als meine Familie von dort wegzog, versprach Zouzous Besitzer meiner Schwester und mir eines ihrer Kätzchen, weil ich so an Zouzou hing. Auf diese Weise kamen wir an Zizikos, den wir schon als ganz kleinen Kater aufnahmen.

Alle Katzen sind einzigartig, und zu jeder Katze muss man eine andere Beziehung aufbauen. Sie sind wie Menschen. Man kann sie nicht miteinander vergleichen, und keine von ihnen ist austauschbar. Zizikos hatte eine engere Verbindung zu mir als zu meiner Schwester und vertraute mir blind. Er erlaubte mir sogar, ihn in der Badewanne zu waschen, wenn er verdreckt nach Hause kam, was aufgrund seines weißen Fells oft der Fall war.

Wenn ich schlafen ging, versteckte er sich und wartete, bis es ganz still in unserer Wohnung war und auch meine Mutter zu Bett gegangen war. Dann sprang er auf mein Bett oder kuschelte sich im Winter sogar unter meine Bettdecke. Er wusste, dass meine Mutter keine Katzen im Bett duldete! Zizikos begleitete mich gern bis zur Bushaltestelle, wenn ich morgens zur Uni fuhr. Unterwegs unterhielt ich mich angeregt mit ihm. Er hatte verschiedene Miautöne, die alle etwas anderes bedeuteten: einen für Futter, einen für Zuneigung und so weiter.

Er war zeitlebens sehr kommunikativ und reagierte stark darauf, wenn man ihm Aufmerksamkeit schenkte. Ich brachte ihm bei, durch Reifen zu springen und auf meinen ausgestreckten Arm zu springen, sich wie ein Äffchen daran zu hängen und zu schaukeln. Es gefiel ihm, wenn ich ihm dabei zusah, wie er auf dem schmalen Rand unseres Balkons hin und her spazierte. Das war nur, um anzugeben und zu sagen: »Sieh mal, was ich kann!« Er spürte auch die jeweilige Stimmung unserer Familienmitglieder und verhielt sich dementsprechend. Wenn mein Bruder, der ihn nicht mochte, schlecht gelaunt war, passte er sich ihm an oder kam zu mir, damit ich ihn beschützte. Wir standen uns sehr nahe.

Im Herbst zog unsere Familie in eine neue Wohnung im dritten Stock eines Hauses, das mehrere Kilometer von unserem alten Haus entfernt war. Zwar wirkte Zizikos dort glücklich, doch eines Tages beschloss er, auszubüxen, wie Katzen es häufig tun. Ich war gerade an der Uni und erinnere mich noch gut daran, dass ich mich nicht auf das Studium konzentrieren konnte, während mein kleiner Flauschjunge vermisst wurde. Ich wollte nur wissen, wo er steckte.

Wie findet man einen Kater in einer Großstadt mit fünf Millionen Einwohnern? Ihm konnte alles Mögliche zugestoßen sein. Am wahrscheinlichsten war, dass er von einem Auto überfahren worden war. Doch Zizikos war ein erfahrener Großstadtkater, und so suchte ich ihn überall und redete mit den Nachbarn und fremden Leuten in anderen

Wohngegenden. Schließlich gehörte er zur Familie. Er war Teil meines Lebens.

Ungefähr zwei Wochen später wachte ich eines Tages in Tränen aus einem sehr plastischen Traum auf und erzählte ihn meiner Schwester. Im Traum hatte ich eine hohe Mauer gesehen. Auf der anderen Seite der Mauer stand Zizikos mit erhobenen Pfoten und flehte mich an, den Arm nach ihm auszustrecken und ihn herauszuholen. Dabei miaute er kläglich.

Meine Träume hatten schon immer eine Bedeutung für mich, und ich lasse mich oft von ihnen im realen Leben lenken. Und in dieser Nacht war es so, als wären die Traumbilder noch klarer als sonst. Ich erkannte sogar die Mauer: Sie stand zwischen unserem alten Haus und dem unserer früheren Nachbarn. Zizikos versuchte, mir mitzuteilen, wo er gefangen war.

Ohne Zeit zu verschwenden, eilte ich sofort zu unserem alten Haus. Als ich über die Mauer zwischen den beiden Häusern schaute, sah ich genau dasselbe Bild wie in meinem Traum: Da unten stand Zizikos mit erhobenen Pfoten und miaute mich an. Er war offensichtlich zu unserem alten Haus zurückgekehrt und hatte mich dort gesucht. Als er mich nicht gefunden hatte, hatte ihn das verwirrt, und da hatte er es mir im Traum mitgeteilt, damit ich ihn dort abholen konnte.

Nach diesem Erlebnis wurde unsere Verbindung noch enger. Leider bekam Zizikos nicht die Chance auf ein langes, glückliches Leben, denn ungefähr ein Jahr später wurde er von einer Nachbarin getötet, die Tiere hasste und mehreren Hunden und Katzen in unserer Gegend Fleisch mit Glasstücken fütterte. Als meine Schwester und ich nach Hause kamen, wartete Zizikos schon stark blutend auf uns. Ich hielt ihn wie ein Baby in meinen Armen, bis er losließ und starb. Noch heute – viele Jahre später – schmerzt mich dieser Verlust, aber tief in meinem Herzen weiß ich, dass Zizikos' Seele noch bei mir ist.

Das Band zwischen Eleni und Zizikos war offensichtlich so stark, dass er sich in ihren Geist einklinken konnte, als er sich verlaufen hatte. Hätte er das Gefühl, dass sie ihn jetzt gerade braucht, dann würde es ihm sicher auch aus der geistigen Welt nicht schwerfallen, Verbindung zu ihr aufzunehmen. Ich glaube, die Tatsache, dass sie im realen Leben ein so starkes Band hatten, hilft der Weiterentwicklung seiner Seele in der geistigen Welt. Als typische Katze macht er sich keine Sorgen um Eleni. Er hat seine Aufgabe erledigt und kommt nicht zurück, nur um ihr zu zeigen, dass es ihm gutgeht – aufgrund von Elenis Glaube an ihn muss er das auch nicht. Ich habe den Eindruck, ihre Freundschaft war von Anfang an vollkommen – sie waren echte Seelenverwandte.

Roy McKeags Collies Sonny und Bess hatten ein ähnlich starkes Band zu ihrem menschlichen Beschützer. Es war so stark, dass Roy genau wusste, wie er die Verbindung zu Bess aufnehmen konnte, als sie in Not geriet:

Früher sagte ich immer, Sonny, Bess und ich könnten die Gedanken des anderen lesen. Dafür hatte ich sogar Beweise. Ich ging einmal über Weihnachten und Silvester mit den beiden Hunden in einem großen Waldstück spazieren, das von der Forstbehörde verwaltet wurde. Es umfasst ein weitläufiges Gebiet mit einem Netz aus Waldwegen, die zwischen den

Bäumen verlaufen. Wir waren da schon oft spazieren gegangen und ich kannte einige Wege, die an einer Reihe kleiner Teiche vorbeiführen. Die anderen Wege kamen mir jedoch wie ein Irrgarten vor.

Die Bäume stehen sehr dicht, da sie auch der Holzproduktion dienen, und wenn man sich ein paar Schritte vom Weg entfernte, wurde es ziemlich dunkel. Während unseres Spaziergangs sprang plötzlich ein Hase zwischen den Bäumen hervor, entdeckte die Hunde und verschwand im Wald. Sonny und Bess jagten ihm hinterher. Sie liebten es, den Feldhasen, die unterhalb meines Gartens lebten, aus Spaß hinterherzurennen, ohne je ein Tier zu fangen oder zu verletzen. Dieser Hase war also eine unwiderstehliche Versuchung für sie!

Innerhalb weniger Sekunden verschwanden beide Hunde im Dickicht, und ich fing an, mir Sorgen zu machen. Ich rief sie und versuchte, ihnen hinterherzurennen, doch die Baumzweige standen zu dicht und ich hätte auf Händen und Knien hindurchkriechen müssen. Der Boden war mit Gestrüpp überwuchert. Nach ein paar Minuten tauchte Sonny mit einem breiten Grinsen wieder auf dem Weg am Waldrand auf, doch Bess war spurlos verschwunden.

Ich wartete eine Weile an der Stelle auf sie und rief sie immer wieder, doch meine Stimme drang nicht durch das dicke Geflecht der Bäume durch. Mir war bekannt, dass ein zweiter Weg parallel zu dem Weg, auf dem ich mich befand, verlief, und so beschloss ich nach dreißig Minuten oder so, zu dem anderen Weg zu gehen, um zu sehen, ob sie auf der anderen Seite aus dem Wald herausgekommen war. Es dauerte eine halbe Stunde, bis ich den Weg auf der anderen Seite erreicht hatte, doch von Bess fehlte jede Spur. Langsam dämmerte es, und mittlerweile machte ich mir große Sorgen. Es war mitten im Winter und sie konnte nicht die ganze Nacht draußen in der Kälte bleiben. Immer wieder schaute ich zwischen den Bäumen nach und rief nach ihr. Schließlich wurde es dunkel.

Ich konnte nichts anderes tun, als auf demselben Weg zum Parkplatz, der mehrere Kilometer weiter weg war, zurückzukehren. Unterwegs bog ich um eine Kurve und erblickte zu meinem Erstaunen einen Waldarbeiter, der mit einer Kreissäge Bäume fällte – die Bäume standen so dicht, dass der Lärm der Kreissäge nicht einmal hundert Meter weiter zu hören war. Bess hatte meine Rufe also kaum hören können.

Ich wusste nicht, was ich tun sollte. Der Wald befand sich 45 Kilometer von unserem Haus entfernt und ich musste am nächsten Morgen um 08:30 Uhr im Büro sein. Es war sonntags und alles war geschlossen. Ich würde mir wahrscheinlich den Montag freinehmen müssen und in den Wald zurückfahren, um Suchschilder aufzuhängen und die nächste Polizeiwache fast fünf Kilometer weiter weg aufzusuchen.

Als ich zu meinem Wagen zurückkehrte, sah ich, dass das Tor zum Waldweg, das gewöhnlich verschlossen war, offen stand. Privatfahrzeuge durften nicht durch den Wald fahren, aber der Holzfäller hatte offensichtlich vergessen, es wieder zuzumachen. Also schaltete ich das Fernlicht ein und fuhr noch einmal die dunklen Waldwege ab.

Ich fuhr stundenlang, aber von Bess war weit und breit nichts zu sehen. Irgendwann endete ich auf dem langen, kurvigen Weg, auf dem sie verschwunden war. Ich machte den Motor aus und wartete in der Dunkelheit. Ich schickte Bess fieberhaft Gedanken, um ihr zu sagen, dass ich da war und auf sie warten würde. Dann stieg ich aus dem Wagen und setzte mich auf die Motorhaube, während ich ihr immer wieder Gedanken sendete.

Nach einer Viertelstunde begann ich zu frieren und wollte gerade wieder zu Sonny ins Auto steigen. Doch irgendwie spürte ich, dass Bess meine Botschaft erhalten hatte und dass ich noch ein bisschen länger warten sollte. Daher blieb ich draußen und rief verzweifelt in Gedanken: »Hier bin ich, Bess!«

Nach einer weiteren Viertelstunde glaubte ich, weit hinter mir auf dem Weg einen dunklen Schatten zu sehen. Der Waldweg war zu schmal, um mit dem Wagen zu drehen und mit den Scheinwerfern den Schatten auszuleuchten. Daher wartete ich ab, und plötzlich tauchte sie auf: eine struppige und erschöpfte, aber sehr erleichterte Bess.

Ich umarmte sie und hatte das Gefühl, mit ihr über Telepathie zu kommunizieren. Sie schien mir zu berichten, dass sie den Hasen nur ein paar Minuten lang gejagt hatte und dann gemerkt hatte, dass Sonny weg war und sie sich verlaufen hatte. Sie hatte nichts gehört oder gesehen und war irgendwann auf einen Waldweg gestoßen. Dann hatte sie stundenlang die Wege abgelaufen und nach einer Spur von mir oder Sonny gesucht.

Als es dunkel wurde, irrte sie weiter herum, bis sie schließlich meine Gedanken aufgriff und sich von ihnen zurück zu mir navigieren ließ. Ich hatte das Gefühl, als ob sie auch schon meine Gedanken auf meiner Suche empfangen hatte, doch als sie mich schließlich gefunden hatte, war ich schon weggefahren.

Manche mögen jetzt sagen, ich hätte eine blühende Fantasie, aber ich befand mich in einem dichten Wald, in dem ich keine Motorsäge aus hundert Metern Entfernung mehr hören konnte. Der Mond war verdeckt, und das Licht meiner Scheinwerfer konnte nicht durch den dichten Wald dringen. Es war sehr windig auf den Wegen, da sie über raue Lichtungen führten, und so reichte mein Fernlicht nicht sehr weit. Bess tauchte jedenfalls von hinten auf, sie konnte also die hellen Frontscheinwerfer auch nicht sehen. Auch hatte ich eine halbe Stunde zuvor den Motor und die Scheinwerfer ausgemacht, deswegen bin ich davon überzeugt, dass sie uns auf telepathischem Weg gefunden hat.

Ich habe auch noch andere Erfahrungen dieser Art gemacht; dieses Erlebnis war jedoch das dramatischste.

Ich muss Roy zustimmen. Die superfeinen Sinne unserer Tiere sind viel stärker ausgebildet, als wir denken. Bess wurde von Roys Angst angezogen, auf dieselbe Art, wie Lord Byron cool blieb, weil ich ihn wissen ließ, dass ich keinen Streit mit einem Geparden anfangen wollte!

Natürlich können Tiere nicht immer über Telepathie mit uns kommunizieren; dann brauchen sie eine menschlichere Kommunikationsebene. Vorhang auf für Charlie, der nicht nur ein Meister der Telepathie war, sondern auch ein Hund, der genau wusste, wie er etwas erreichen konnte!

Einmal brachten wir ihn wegen einer Urlaubsreise bei einer Hundesitterin unter und sagten ihr, dass er um fünf Uhr nachmittags seine tägliche Mahlzeit erwartete. Wie sie uns hinterher erzählte, hatte sie sich nachmittags eine Fernsehsendung angesehen, und Charlie hatte sich pünktlich um siebzehn Uhr vor ihr auf die Hinterbeine gestellt und um sein Essen gebettelt. Sie hatte ihm gesagt, er solle kurz warten, bis die Sendung vorbei sei, und weiter ferngesehen. Plötzlich wurde der Bildschirm schwarz, und sie entdeckte, dass Charlie mit der Fernbedienung im Maul im Wohnzimmer saß. Dann trug er die Fernbedienung in die Küche und ließ sie in seinen Futternapf fallen! Da er gemerkt hatte, dass viele Menschen telepathische Hinweise nicht deutlich empfangen, wandte er einfach menschliche Methoden an, um seine Botschaft rüberzubringen. Nach diesem Hinweis fütterte die Hundesitterin ihn jeden Tag um Punkt fünf Uhr!

Kapitel 8

Tiere, Geist und Heilung

Wie bewusst nehmen Tiere die geistige Welt wirklich wahr? Wir haben schon oft beobachten können, dass sie ihren Instinkt anwenden, wenn sie auf ihre Besitzer und Fremde reagieren, und wie er in ihrem Bewusstsein verankert ist. Aber wie bewusst nehmen sie die geistige Welt wahr – Geister, verstorbene Seelen oder Heilkräfte – Situationen, in denen geistige Energie verdichtet auftritt?

Die Antwort darauf ist natürlich, dass sie genauso sensitiv sind wie ein Medium oder jeder andere, der seine spirituelle Seite entwickelt hat. Genau wie bei uns Menschen sind auch nicht alle Tiere gleichermaßen sensitiv begabt, doch wie wir sehen können, nehmen die meisten Tiere einen Sinn, der über die fünf Sinne – Sehen, Hören, Riechen, Schmecken, Tasten – hinausgeht, stärker wahr als wir Menschen.

Während ich vor einigen Jahren an der Reality-Show *Most Haunted Live* teilnahm, drehten wir ein viertägiges Special zu Halloween, für das die Filmcrew – ein Team aus medial Begabten und einem Historiker – eine Reihe von Orten in Londons East End aufsuchten. Wir hatten einen Schäferhund namens Max dabei, der normalerweise als Wachhund eingesetzt wurde, und Max witterte die Gegenwart von Geistern schneller als alle anderen im Team.

Während ich im Fernsehstudio war, suchte das Team den Pub »Blind Beggar« in Whitechapel auf. Dort drehte Max an einer gewissen Stelle in der Bar völlig durch und bellte wie verrückt. Wie sich herausstellte, war der Gangster George Cornell 1966 an genau dieser Stelle erschossen worden. Der Hund konnte natürlich nicht Zeitung lesen, und ich wette, er war auch kein Experte für Kriminalfälle, aber er spürte, dass sich dort vor mehreren Jahrzehnten etwas Schlimmes ereignet hatte.

Das erinnerte mich an ein Erlebnis mit meiner Hündin Cindy, mit der meine Jungen und ich oft am Fluss Luggy, der etwas außerhalb von Cumbernauld liegt, spazieren gingen. Cindy liebte Gewässer und jagte im Wasser gern Steinen hinterher. Sie tauchte sogar mit dem Kopf unter und suchte einen bestimmten Stein, wobei sie einmal beinahe ertrunken wäre.

Auf dem Spazierweg kamen wir immer an eine kleine Brücke. Am anderen Ende der Brücke befand sich eine Art Tunnel, durch dessen Öffnung ein Stückchen Himmel leuchtete. Einmal warf ich für Cindy einen Stein in den Tunnel und schaute zu, wie sie dem Stein hinterherrannte. Doch als sie die Tunnelöffnung erreicht hatte, blieb sie abrupt stehen und fing an zu winseln.

Sie war vor Schreck wie erstarrt. Ich dachte, sie hätte sich wehgetan, und so zog ich sie am Halsband weg und untersuchte ihre Pfoten, aber sie hatte sich nicht verletzt. Eine Minute später war sie wieder ganz die Alte, und so vergaß ich das Ganze bald.

Ein paar Wochen später gingen wir wieder mit Paul und Steven am Fluss spazieren. Steven wollte den Tunnel näher erforschen, und so wateten wir ins Wasser und ließen Paul am Flussufer zurück, der sich hinsetzte und ein Buch las. Cindy sprang uns hinterher. Wir erreichten die Tunnelöffnung, und dort erstarrte sie wieder. Sie fing an zu zittern und zu winseln. Steven und ich sahen uns verwundert an, und er fragte mich: »Dad, spürst du irgendwas? Was ist hier los?«

Ich hatte zwar ein vages unheimliches Gefühl, aber mehr auch nicht, obwohl Cindy nun anfing zu heulen. Ich spürte kein Anzeichen auf einen Geist, aber die Hündin witterte etwas, was sie davon abhielt, einen Schritt näher zu kommen.

Auf dem Rückweg mussten wir einen Umweg nehmen, um nicht an derselben Stelle vorbeizukommen, auch wenn sich Cindy rasch wieder beruhigt hatte. Ich fragte mich, was dort wohl passiert sein mochte, aber ich bin nie mehr an diese Stelle zurückgekehrt, um mich richtig darauf einzustimmen. Was auch immer an diesem Ort geschehen war – ich wollte es nicht herausfinden. Cindys Warnung reichte mir.

Wie Max reagierte sie wohl auf einen Geist. Ein Geist ist keine Seele als solche, sondern eine Art Überrest einer akuten Emotion oder die Erinnerung daran. Im Pub »East End« waren es die Angst und der Horror, die durch den schockierenden Mord an einem gewalttätigen Kriminellen hervorgerufen wurden, und wer weiß, was in jenem Tunnel stattgefunden hat. Wir Menschen gehen an Orte, an denen es solche »Erinnerungen« gibt, ohne sie zu spüren, während ein Tier davor zurückschreckt und seine Angst zeigt, die es fühlt, während es von der Emotion ergriffen wird – und Tiere sagen nicht, es sei »nur ein Luftzug im Zimmer«!

Natürlich spüren Tiere die Gegenwart und das Wohlwollen der geistigen Welt – nicht irgendwelcher »Geister« – und sind sich des angenehmen Gefühls der Ruhe oder Energie bewusst, die sie mit sich bringen kann. Manchmal fragen die Teilnehmer eines Zirkels vor Beginn einer Meditation: »Kann die Katze im Zimmer bleiben?« Warum nicht? Sie könnte zwar Ihre Nervosität spüren, aber wenn Sie sich entspannen, entspannt sich das Tier auch. Dann nimmt es spirituelle Veränderungen in der Atmosphäre wahr, ohne seine Wahrnehmungen anzuzweifeln.

Wie ich bei einer meiner ersten Sessions mit einem Trancemedium herausfand, sind die anwesenden Tiere genauso wichtig wie die menschlichen Teilnehmer.

Damals wohnten Jim und ich mit der dicken alten Hündin Elsa, die gerade an den Hüften operiert worden war und überall hingetragen werden musste, in einem Hochhaus. Wir hatten Laura, ein erfahrenes Medium, für eine Vorführung eingeladen. Alle saßen im Kreis und konnten es kaum erwarten.

Laura versetzte sich in Trance, und wir warteten atemlos, doch nichts passierte. Wir warteten weiter ab, aber die geistige Welt schien nicht zu reagieren. Langsam kam bei Jim und mir Enttäuschung auf. Sollte das alles sein? Würde sich überhaupt noch etwas tun? Schweigen. Doch schließlich begann Laura zu sprechen und stellte die Verbindung zu einem Geistführer her. Unsere Freude war jedoch nur von kurzer Dauer, denn er sagte, er wollte nicht tätig werden, weil die Hündin – er nannte sie »die Vierbeinerin« – sich nicht wohlfühlte. »Jeder in diesem Raum muss sich zufrieden und wohl fühlen«, sagte er. »Dann fangen wir mit dieser Lernsession an.«

»Warum fühlt sie sich denn nicht wohl?«, fragten wir und betrachteten Elsa, die vor dem Sofa lag. Wir fragten uns, welche tiefgründigen spirituellen Probleme sie wohl belasteten.

»Sie muss dringend raus«, antwortete er nüchtern.

Es stimmte: Die arme Elsa musste alle paar Stunden von uns im Aufzug nach unten gebracht werden, um sich zu erleichtern. Doch in unserer Aufregung und Begierde, mehr von dem Geistführer zu erfahren, hatten wir sie ganz vergessen.

So machten wir eine kurze Pinkelpause für Elsa. Als es sich dann alle wieder im Zimmer bequem gemacht hatten, fingen wir von Neuem an, während Elsa zufrieden einschlief.

Wenn man mit einem Medium arbeitet – vor allem mit einem Trancemedium –, verändert sich das Energielevel im Raum, und jedes anwesende Lebewesen muss sich dabei wohlfühlen. Dieser Zwischenfall lehrte mich, jedes Mal, wenn wir so etwas selbst üben wollten, den Anteil von jedem – Mensch und Tier –, der schon in der geistigen Welt aktiv war, zu beachten und auch die Grundbedürfnisse aller nicht zu vergessen!

Viele medial Begabte und Heiler mit eigener Meditationsgruppe, die ich über die Jahre kennengelernt habe, halten Tiere, die am Meditationszirkel teilhaben. Ich kenne ein Medium in Spanien, das Trancearbeit machte. Der Mann hatte zwei Myna-Sperlinge, die völlig still blieben, während er arbeitete. Er zog auch Wildvögel an: Sie landeten auf seinem Fensterbrett und schauten ins Zimmer.

Die Tiere bekommen nur selten Angst, auch wenn sie manchmal die Ankunft eines Geistwesens spüren und das durch erhöhte Sensitivität zeigen – so entwickeln sie ihre eigene Fähigkeit, die feinstoffliche Energie und Atmosphäre zu lesen, mitunter sogar besser als das menschliche Medium!

Bei einer Heilung, die wir für eine Bekannte in der Gruppe durchführten, wollte sich Elsa einfach nicht hinsetzen, was für sie sehr ungewöhnlich war. Sie war so dick, dass ihr schon allein das Aufstehen schwerfiel. Wir bemühten uns, Heilenergie zu channeln und der Mutter von Freunden in Glasgow, die im Sterben lag, zuzuführen. Es war ein Sonntagabend, und Dronma zeichnete ihre sensitiven Bilder. Plötzlich fing Elsa, die unruhig hin und her gegangen war, an, wie ein Wolf zu heulen. Schon bald konnte sich keiner von uns mehr auf die Meditation konzentrieren. Wir saßen stumm da, beobachteten sie und fragten uns, was mit ihr los war, was sie uns sagen wollte? Die Einzige, die sich nicht davon stören ließ, war Dronma. Sie zeichnete weiter. Dann klingelte es an der Haustür, doch wir hatten es uns zur Regel gemacht, während einer Session weder zur Wohnungstür noch ans Telefon (das ausgesteckt war) zu gehen. So rührte sich keiner. Wer auch immer geklingelt hatte, gab auf und ging wieder weg.

Wir stellten fest, dass wir nicht weitermachen konnten. Also beendeten wir den Zirkel und Elsa hörte auf zu jaulen. Sie legte sich hin und war wieder ganz die Alte. Wir tranken Tee und unterhielten uns – »Was war denn heute los? Irgendwas hat heute Abend nicht gestimmt!« Dronma sagte: »Hier, das hab ich vorhin gezeichnet«, und zeigte uns eine Skizze, auf der eine Frau in einem Sarg lag. Sie trug eine Kameebrosche und ihre Gesichtszüge kamen mir vertraut vor.

Wir steckten das Telefon wieder ein. Die Frau, für deren Mutter wir gebetet hatten, hatte eine Nachricht auf dem Anrufbeantworter hinterlassen. Wie sie uns mitteilte, war ihre Mutter gestorben, und sie hatte bei uns geklingelt, um uns zu bitten, für ihre Mutter zu beten – ohne zu ahnen, dass wir genau das taten, als sie vor der Haustür stand. Wie sich herausstellte, hatte Dronma eine kleine Nachricht von der verstorbenen Mutter, und daher reichte ich den Hörer weiter an Dronma.

Während wir uns weiter unterhielten, stellte ich fest, dass Elsa nicht die Einzige war, der unbehaglich zumute gewesen war. Sie war jedoch die einzige Teilnehmerin am Zirkel, die die Bedeutung dieses Gefühls verstanden und akzeptiert hatte. Wir anderen hatten bloß unsere Augen noch fester zugemacht und gehofft, dass das Gefühl von alleine weggehen würde. Wenn jemand während eines Heilungszirkels stirbt, wachen gewöhnlich alle Teilnehmer abrupt aus der Meditation auf, doch dieses Mal war es Elsa, die uns wachrüttelte.

Als Jim und ich später in die Souterrainwohnung der spiritistischen Kirche zogen und Hund Charlie adoptierten, nahm ich Samstagabend oft an den sensitiven Entwicklungstreffen teil, die oben in der Kirche stattfanden. Dort trainierte ich meine medialen Fähigkeiten. Ich wollte Charlie nicht dabeihaben, da ich dachte, er würde umherlaufen, uns stören und in der Küche die Sandwiches klauen, während wir meditierten. Daher ließ ich ihn unten in der Wohnung. Er wusste jedoch genau, dass wir oben in der Kirche waren, und so jaulte und kratzte er ständig an der Wohnungstür. Schließlich gab ich nach und nahm ihn mit nach oben.

Sein Verhalten verblüffte mich. Der freche Charlie verwandelte sich umgehend in einen anderen Hund. In diesen Sessions kam seine sanfte Seite zum Vorschein. Kein Bellen, kein unruhiges Umherlaufen – er war ruhig und wirkte nachdenklich, beinahe so, als würde er selbst am Training teilnehmen. Schon bald wurde er auf seine Art zu einem festen Bestandteil der Entwicklungssessions. Während wir im Kreis saßen und anfingen, die Außenwelt auszuschalten, drehte Charlie seine Runde. Er kam zu jedem Einzelnen, legte ihm das Kinn aufs Knie, als würde er uns in einen veränderten Bewusstseinszustand versetzen, bevor er zum Nächsten weiterwanderte. Er begann die Runde immer links von mir und ließ nie jemanden aus. Dann legte er sich auf meine Füße und schlief ein, während wir meditierten. Charlie unterbrach nie die Stille und die Meditation.

Wenn der Meditationsführer die Sitzung schweigend beendete, drehte Charlie wieder seine Runde und legte jedem das Kinn auf die Knie, bis derjenige die Augen wieder aufmachte. Dann wartete er geduldig, während wir unsere Erfahrungen austauschten und Dronma ihre Skizzen zeigte. Als alle fertig waren, wedelte er mit dem Schwanz, bellte und sprang jeden an – wahrscheinlich dachte er dabei an die Sandwiches und wurde wieder zu einem ganz normalen Hund. Er verstand wirklich, was in den Sitzungen passierte, und gehörte sechs Jahre lang zu unserem Zirkel dazu. Alle kannten und liebten ihn. Ich versuchte, auch Meg als junge Hündin an der Gruppe teilhaben zu lassen, aber es blieb bei einem einzigen Versuch: Sie rannte wild wedelnd im Zimmer herum, sprang jedem auf den Schoß, schleckte ihm das Gesicht ab und verhielt sich wie ein typischer Springer Spaniel.

Am Schluss der Session saßen wir Menschen zusammen und besprachen das Erlebte im Detail, während Charlie und Elsa nur noch ans Futter dachten. Und sie hatten recht – zurück in den Alltag! Warum sollte man seine Erfahrungen hinterfragen, anzweifeln oder versuchen, sie auszutreten? Dann spielt man letztendlich nur etwas tatsächlich Geschehenes herunter oder spinnt sich ein Szenario zusammen, das nie stattgefunden hat. Im Augenblick zu leben und aus dem Erfahrenen zu lernen ist etwas anderes.

Nur zwei Mal in den sechs Jahren unterbrach Charlie eine Sitzung. Einmal weckte er uns alle vorzeitig sanft aus der Meditation auf. Während wir uns verwundert ansahen und uns fragten, warum er das getan hatte, klingelte es an der Haustür. Offensichtlich hatte Charlie gewusst, dass jemand gleich kommen würde, und nicht gewollt, dass wir jäh unterbrochen würden.

Das zweite Mal war eine ganz andere Nummer. An diesem Abend hatte eine Gruppe von Außenstehenden den Kirchensaal für eine Séance, wie sie es großspurig nannten, gemietet. Ich war an jenem Abend nicht zu Hause, und mein Sohn Steven hütete Charlie in unserer Souterrainwohnung. Ich hatte ihm eingetrichtert, Charlie auf keinen Fall aus der Wohnung entwischen zu lassen. Ich musste mich aus der Wohnung schleichen, damit Charlie sich nicht hinter mir durch den Türspalt zwängte. Er hockte oben an der Treppe hinter der Tür mit gespitzten Ohren und verzweifelter Miene, da er wusste, dass oben in der Kirche ein Treffen stattfand, an dem er unbedingt teilnehmen wollte.

Später erzählten mir Steven und auch ein paar meiner Freunde, die der Séance beisaßen und dem Medium zusahen, was passiert war. Unten in der Wohnung versuchte Steven, fernzusehen und gleichzeitig Charlie dazu zu bringen, sich zu beruhigen. Da klingelte es. Steven ging nach oben zur Wohnungstür und sagte: »Geh weg, Charlie.« Dabei schob er den Hund ein Stück nach hinten. Als er die Tür öffnete, zwängte sich Charlie zwischen seinen Füßen hindurch und rannte über den Flur in den Kirchensaal. Steven rannte ihm hinterher, aber er bekam Charlie nicht zu fassen. Laut bellend rannte der Spaniel mit voller Wucht in den Kirchensaal!

Im Kirchensaal war das Medium damit beschäftigt gewesen, durch theatralisches Heulen und dramatische Gesten eine gespenstische Atmosphäre zu schaffen, um die Zuschauer in die richtige Stimmung zu bringen. Der Mann tat alles, außer die Stühle schweben und die Tische beben zu lassen – und in diesem Moment platzte mein Springer Spaniel wie eine Bombe herein und kläffte ihn wütend an. Das war das jähe Ende der Séance. Das Medium war wütend und behauptete, Charlie wäre von einem »bösen Geist« besessen – was für ein Witz! Wie mir meine Freunde später berichteten, war Charlies Auftauchen der Höhepunkt des ganzen Abends gewesen. Irgendwie spürte er, dass diese Leute nicht echt waren. Medial Begabte waren oft Gäste der Kirche; sie waren Fremde, und Charlie ließ sie alle in Ruhe. Doch wenn er Angst hatte oder etwas ihn beunruhigte, bellte er so wütend wie an diesem Abend. Offensichtlich spürte er, dass dieser Typ ein Blender war.

Echte Heilung zieht auf ganz natürliche Weise Tiere an. Eine Heilerin namens Sue Johnson aus Surrey, England, hat einen vierbeinigen Assistenten:

Ich bin Heilerin und halte zu Hause Meditationsgruppen ab. Eines Abends saß eine Freundin von mir in meinem Wohnzimmer. Sie war sehr deprimiert, da ihr Kater vor kurzem gestorben war und sie ihn schrecklich vermisste. Es war im Hochsommer, und mein Kater Moppet kam durch das offene Fenster herein. Er setzte sich neben sie, streckte sanft die Pfote aus und legte sie auf ihren Schoß. Er geht nur selten zu anderen Leuten, aber er wollte unbedingt neben ihr sitzen. Meine Freundin brach in Tränen aus.

Wenn ich eine Heilung vornehme, klopft Moppet an die Tür, schleicht sich ins Zimmer und setzt sich unter den Therapietisch. Dann sitzt er laut schnurrend dicht neben mir. Dasselbe tut er, wenn ich meditiere. Dann versucht er, mir so nahe wie möglich zu sein.

Vielleicht werden die Tiere von der ruhigen Atmosphäre angezogen, aber es wäre sicher falsch zu sagen, sie würden nicht verstehen, was vor sich geht. Ich habe schon zu viele Tiere gesehen, die auf die Hände eines Heilers reagiert haben. Manchmal sagt der Besitzer eines Hundes: »Der Arme hat Bauchschmerzen«, und wenn ich die Hand ausstrecke, weiß ich schon, dass der Hund die schmerzhafte Stelle von alleine gegen meine Hand halten wird. Manchmal drückt er sogar den Körper gegen meine Hand. Tiere zeigen einem, wo es ihnen wehtut.

Die alte Elsa hatte Hüftprobleme und schon ein paar Operationen hinter sich. Immer wenn befreundete Heiler uns besuchten, drückte sich Elsa mit den Hüften zuerst gegen sie, während sie auf dem Sofa saßen. Die Heiler sagten jedes Mal: »Der Hund bietet sich zur Heilung an.« Und das stimmte auch – Elsa wusste genau, was sie wollte. Tiere können Heilung eindeutig spüren und begreifen.

Charlie legte sich gern auf meine Füße und blieb während einer Heilung geduldig sitzen. Da er jedoch ein Hund war, der in seinem Leben vom Karma verfolgt wurde, war er mehr als einmal selbst der Patient.

Eines Tages wollten Jims Schwestern unbedingt mit Charlie spazieren gehen. Wir versuchten, es ihnen auszureden, indem wir betonten, dass er gern wegrannte und nicht hörte, wenn man ihn rief, doch sie versicherten, damit umgehen zu können. Und so gingen sie mit ihm in den Park. Es dauerte jedoch nicht lange, bis Charlie weglief. Zuerst waren sie nur irritiert, doch nachdem sie ihn ewig gerufen hatten, ohne dass er mit einem breiten Grinsen zwischen dem Gebüsch auftauchte, fingen sie an, sich Sorgen um ihn zu machen.

Plötzlich hörten sie ihn in der Ferne jaulen und rannten in die Richtung, aus der das Geräusch kam. Vor einem steilen Abhang, der hinunter zu einem Bach in einer Schlucht führte, war ein niedriges Geländer. Mitten auf dem Abhang steckte Charlie fest. Offensichtlich war er über das Geländer gesprungen und zum Bach hinuntergerannt, weil er im Wasser schwimmen wollte. Der Abhang war so steil, dass die Mädels nicht hinunterklettern konnten, um ihn zu holen. Im Vorbeigehen hörte ein Fußgänger ihre aufgeregten Schreie. Er kletterte über das Geländer und kroch vorsichtig den Abhang hinunter zu Charlie. Charlie hatte sich in einer Wurzel verfangen, die aus der Erde herausragte und sich oben am Schultergelenk in seine Brust bohrte. Anscheinend war er unter die Wurzel geschlüpft und steckte nun fest. Der fremde Helfer befreite ihn und trug ihn den Abhang hinauf zu den Mädels, die vor Sorge um ihn außer sich waren. Unter Tränen und Beteuerungen, dass es ihnen leidtat, trugen sie ihn gemeinsam nach Hause zurück, obwohl er ganz schön schwer war. Sie hielten ihn für schwer verwundet.

Jim und ich setzten Charlie umgehend ins Auto und fuhren mit ihm zum Tierarzt. In seiner Schulter hatte sich eine riesige Beule gebildet.

Der Tierarzt untersuchte ihn und meinte: »Das sieht nicht gut aus. Ich muss eine Biopsie machen. Kommen Sie morgen wieder mit ihm her, aber bereden Sie es heute Abend. Es könnte was Ernstes sein.«

Zu Hause rief ich alle Heiler an, die ich kannte, und bat um ihre Hilfe für Charlie. Natürlich boten alle an, ihm heilende Gedanken zu schicken. Ich blieb fast die ganze Nacht über bei ihm und führte Heilung aus. Irgendwann ging ich todmüde ins Bett und ließ ihn in seinem Körbchen schlafen.

Am nächsten Morgen war Charlie wie verwandelt. Er lief mit einem breiten Grinsen in der Wohnung herum und hatte offensichtlich keine Schmerzen. Ich brachte ihn trotzdem noch einmal zum Tierarzt, um sicherzugehen. Er untersuchte Charlies Schulter erneut und sah mich perplex an. »Da ist nichts mehr. Die Beule ist verschwunden, und seine Schulter ist völlig in Ordnung.« Er kratzte sich verwundert am Kopf und sagte, es gebe keine Erklärung dafür. Ich hatte die Erklärung: Der Hund hatte Heilung erhalten und darauf reagiert. Es war nicht das erste Mal in seinem Leben, und er hatte gewusst, was für ihn getan wurde, und es zugelassen.

Erst viel später erfuhr ich, dass die Heiler jedes Mal, wenn Charlie krank war und ich sie um Hilfe gebeten hatte, den Leuten ihrer spiritistischen Kirche Bescheid gesagt hatten, die wiederum die Gemeinde um heilende Gedanken für ihn baten. Erst als Gast dieser Kirchengemeinden erfuhr ich davon, als die Gemeindemitglieder mich nach Charlie fragten und mir sagten, dass sie seit Wochen an ihn dachten. Er war ein Hund, dem viele Heilkräfte geschickt wurden!

Alle möglichen wissenschaftlichen Experimente sind schon zum Ergebnis gekommen, dass man an Heilkräfte glauben muss, um geheilt werden zu können, aber ich weiß, dass das purer Unsinn ist. Wie könnte ein Tier daran glauben? Ich denke nicht, dass Charlie oder Elsa ein komplexes Glaubenssystem hatten, aber sie hatten beide einen Instinkt, mit dem sie darauf reagierten. Heilung ist ein ganz natürlicher Prozess, bei dem ein Mensch oder Lebewesen gute Absichten hat und einem anderen Wesen helfen will, und Tiere reagieren auf positive Emotionen.

Als Charlie ungefähr acht Jahre alt war und Hündin Meg noch nicht lange bei uns war, gingen wir einmal mit den Hunden im Park spazieren. Wir warfen Bälle und Stöckchen, denen sie hinterherrannten – bis sie plötzlich Charlies tägliche Nummer durchzogen und verschwanden. Wir gingen weiter, weil wir wussten, dass sie schon bald von alleine wieder auftauchen würden. Doch als die beiden Hunde zurückkamen, humpelte Charlie und konnte Meg kaum folgen. Als er vor uns stand, konnte er noch nicht einmal zur Begrüßung den Kopf heben oder uns seine Pfote hinstrecken, um uns zu zeigen, dass er verletzt war. Wir hatten keine Ahnung, was mit ihm passiert war, als sie außer Sichtweite waren – vielleicht war er ungeschickt gefallen oder gegen irgendwas gestoßen. Jim und ich hoben ihn behutsam auf und brachten ihn und Meg zum Auto.

Zu Hause schien ihm erst nichts zu fehlen. Doch dann konnte er wieder den Kopf nicht heben. Ich tastete ihn ab, um zu sehen, wo er sich verletzt hatte, doch plötzlich brach er zusammen. Also brachten wir ihn zum Tierarzt, der ihn rasch untersuchte und uns in die Tierklinik schickte, wo es ein Röntgengerät gab. Zu diesem Zeitpunkt gaben schon Charlies Beine nach. Jim und ich bekamen Panik. Noch kurze Zeit davor war Charlie fröhlich herumgesprungen – und jetzt sah es so aus, als würde sein Körper völlig zusammenbrechen.

In der Tierklinik sah sich eine Neurologin die Röntgenergebnisse an und untersuchte unseren armen Spaniel. »Wir vermuten, er hat sich das Rückgrat gebrochen«, sagte sie. »Das kommt zwar selten vor, aber häufiger bei Spaniels als bei anderen Rassen. Wir können ihn operieren, aber ich habe keine Ahnung, ob die OP erfolgreich sein wird. Womöglich wird er nie wieder laufen können, und Sie wissen ja, was das bedeutet.«

Als sie uns sagte, dass er sich das Rückgrat gebrochen hatte, war es, als hätte sie sein Todesurteil ausgesprochen. Man kann sich nur schwer vorstellen, wie ein Tier oder ein Mensch eine so ernste Verletzung überleben könnte, ohne gelähmt zu sein. Seit dem Vorfall mit den Steinen in Charlies Bauch hatten wir keine Krankenversicherung mehr für ihn; es würde also teuer werden. Ich hatte gerade Buchtantiemen ausbezahlt bekommen, und das Geld reichte knapp für die Operation, doch ohne zu zögern sagten wir ihr, sie solle die OP veranlassen. Was hätten wir auch sonst tun können? Schließlich ging es um Charlie. Wir mussten ihm noch eine Chance geben. Er lag so hilflos auf dem Untersuchungstisch. Ich streichelte ihn und flüsterte ihm ins Ohr. Dann mussten wir ihn dalassen.

Als wir ihn am nächsten Tag besuchten, sah er nicht gut aus. Er hatte die Kontrolle über sämtliche Körperfunktionen verloren und hing an einem Katheter. Sie sagten, den bräuchte Charlie wahrscheinlich nur für eine gewisse Zeit, wenn er die OP überstand, doch das klang eher nach einem »falls«. Er konnte nicht laufen und musste von zwei Schwestern/Pflegerinnen nach draußen getragen werden, damit er im Garten der Klinik liegen konnte. Es war ein schrecklicher Anblick. Uns wurde gesagt, dass es mehrere Wochen dauern würde, bis er wieder gesund war – wenn überhaupt. Wir schmusten mit ihm und gingen dann wieder.

Zwei Wochen lang durften wir Charlie nicht sehen, und als wir ihn endlich besuchen durften, wirkte er genauso elend wie zuvor. Er hing zwar nicht mehr am Katheter, aber er musste immer noch in einem

Tuch nach draußen getragen werden. Er konnte noch nicht mal den Kopf heben, um ein Leckerchen anzunehmen. Die Tierärzte versuchten, uns seelisch auf das Schlimmste vorzubereiten. Mir war klar, dass wir ihn gehen lassen mussten. Aber es war ihm gegenüber nicht fair; er war so gerne mit Meg umhergerannt und allem Möglichen hinterhergejagt – und jetzt war er nur noch ein Häufchen Elend, das getragen werden musste.

Als Dronma mich anrief, erzählte ich ihr die schlechte Nachricht. Sie hörte zu und meinte dann: »Du, ich hab eine tibetanische Medizin, die mir ein Yogi für meinen Enkel mitgegeben hat. Ich weiß zwar nicht, welche Substanz sie enthält, aber er hat sie gesegnet. Gib sie doch Charlie! Wenn er leben will, wird er weiterleben, und wenn er loslassen will, wird er sterben. Es ist *seine* Entscheidung. Gib ihm die Medizin und noch einen Tag Zeit!«

Ich war nicht sicher, ob die Medizin wirken würde, doch es war einfach nicht fair, Charlie in diesem Zustand weiter am Leben zu erhalten. So beschloss ich, es wenigstens zu versuchen. Dronma brachte mir die Medizin vorbei, die wie ein Oxo-Würfel aussah, und ich fuhr damit zur Tierklinik. Normalerweise trägt man tibetanische Medizin in einem Amulett am Hals, um sie im Notfall gleich einnehmen zu können.

Charlie fraß nicht mehr, und ich wusste nicht, ob er die Medizin herunterschlucken würde. Daher wickelte ich sie in ein Leckerchen ein und hielt sie ihm vor die Nase. Völlig geschwächt nahm er sie an, und ich streichelte ihn, während er sie herunterschluckte. Ich blieb zehn oder fünfzehn Minuten neben ihm sitzen. Dann half ich den Pflegern, ihn für eine Weile nach draußen in die Sonne zu bringen. Als ich an jenem Abend den armen Charlie in der Klinik zurücklassen musste, war ich völlig verzweifelt.

Am nächsten Morgen um sieben wurde ich vom Telefon geweckt. Ich nahm den Hörer ab und wusste erst nicht, wer der frühe Anrufer war. Es war nicht einfach, weil die Frau am Telefon weinte. Schließlich beruhigte sie sich genug, um deutlich genug zu sprechen, und mir dämmerte, dass es eine der Pflegerinnen der Tierklinik war.

»Was ist los?«, fragte ich.

»Ach, es ist unglaublich! Heute früh stand Charlie auf! Er stellte sich auf die Füße und ging ohne Hilfe nach draußen, um zu pinkeln. Wir brauchten kein Tuch und nichts!«

»Was?!«

»Sie können herkommen und ihn abholen – ich kann es kaum glauben.«

Ich zog mich hastig an und fuhr zur Tierklinik – und da stand schon Charlie und wedelte sogar mit der Schwanzspitze. Die Neurologin riet mir, ihn ein paar Mal zur Schwimmtherapie in einem Hydrobecken zu bringen, da er nach fast einem Monat ohne jede Bewegung sehr schwach war. Daher setzte ich ihn ins Auto und brachte ihn nach Hause, damit er dort langsam genesen konnte.

Wir brauchten viel Geduld. Zu Hause versagten seine Beine und erst am nächsten Tag konnte er wieder herumlaufen. Er musste nach einem Tag Reha-Schwimmen einen Tag Pause einlegen, am nächsten Tag wieder Schwimmtherapie und so weiter. Nach jeder Schwimmstunde war er völlig erschöpft, er stolperte, seine Beine gaben nach, und wir hatten schreckliche Angst, er würde doch noch für immer gelähmt bleiben. Nicht nur waren Charlies Muskeln abgebaut, sondern auch seine Körpererinnerung – er hatte vergessen, wie er laufen und rennen konnte. Er brauchte zwei Wochen, um wieder auf die Beine zu kommen und mit Meg herumlaufen zu können.

Das Einzige, was zurückblieb, war eine Funktionsstörung seiner Hinterbeine. Einmal sah ich zu, wie er und Meg auf einem Hügel durchs Gestrüpp rannten, und stellte fest, dass er die Hinterbeine irgendwie komisch bewegte. Seine Vorderbeine bewegten sich ganz normal, aber seine Hinterbeine hüpften. Von nun an hoppelte er wie ein Häschen.

Kapitel 9

Nachrichten aus der geistigen Welt

Während der Arbeit an dem Dokumentarbericht über Haustiere in der geistigen Welt fragte mich der Produzent, ob ich einer jungen Frau, die auch bei dem Film mitmachte, ein Reading geben würde. Natürlich sagte ich ja. Wie mir gesagt wurde, sollte eine zusammengeschnittene Version des Readings im Film zu sehen sein.

Wir filmten in der Nähe eines Tierfriedhofs, der in Perthshire auf einem Hügel mit atemberaubendem Panorama lag. Idyllischer kann keine Ruhestätte sein. Das Fernsehteam stellte mir Carole Macpherson vor, eine sehr sympathische, schüchterne junge Frau mit einer stoppeligen Punkfrisur. Ich nahm für eine Sekunde ihre Hand, um zu sehen, ob sie eine Nachricht aus der geistigen Welt empfing. Ich warnte sie, dass ich nicht sicher sei, ob es klappen würde, doch ich spürte sehr schnell eine tiefe Trauer. Die junge Frau litt unter schweren Depressionen.

»Sobald ich Ihre Hand berühre, fühle ich die tiefen Gefühle, die Sie gerade durchstehen«, sagte ich ihr. »Es ist eine so starke Traurigkeit, dass ich behaupten möchte, Sie wollten diese Welt schon mal verlassen.«

Carole nickte.

»Sie sind sehr niedergeschlagen und völlig aus dem Gleichgewicht. Offensichtlich haben Sie ein geliebtes Tier verloren, aber ich will mal sehen, ob ich mich einklinken kann.«

»Es ist ein kleines Mädchen, stimmt's? Ein Yorkshireterrier? Ich sehe, wie sie auf Ihren Schoß springt. Sie hat noch einen anderen Yorkie dabei. Sie ist sehr lebhaft, sie springt ständig an mir hoch und gibt mir Küsschen. Sie hat tolle Ohren – ich weiß nicht, warum ich das sage, aber ihre Ohren sind ihr stärkstes Merkmal.«

Carole bestätigte lächelnd, dass das ihre Hündin war. Sie war neben einem anderen kleinen Yorkshireterrier begraben. Das musste der zweite Hund sein, den ich sah.

Dann zeigte mir die Hündin, was mit ihr geschehen war. »Sie blutet aus dem After – sie hatte Probleme mit den Nieren, und deshalb mussten Sie sie einschläfern lassen.«

Carole bestätigte, dass genau das passiert sei.

»Man braucht viel Mut, um einen Hund einschläfern zu lassen, den man liebt und zu dem man in diesem Leben eine enge Verbindung hat. Haben Sie vielleicht mal daran gedacht, dem Hund zu folgen?«

»Ja, hab ich«, sagte Carole. »Sie war das Einzige, was ich in den letzten zehn Jahren geliebt habe.«

Mir wurde klar, wie schlimm der Verlust für sie gewesen sein musste. Die Hündin wollte ihrem Frauchen aber noch mehr zeigen.

»Irgendwo haben Sie ein Foto von ihr, auf dem sie ein Kleidungsstück trägt. Das klingt zwar komisch, aber es gibt so ein Bild, nicht wahr?«

Kichernd sah Carole die Fernsehcrew an; alle grinsten. Ich hatte nicht gewusst, dass sie zuvor Caroles kostbare Fotos gefilmt hatten, auf denen ihre Hündin einen winzigen Pullover trug.

Am Ende des Drehtags erfuhr ich mehr über Carole. Nach dem Tod der Hündin hatte sie ihre gesamten Ersparnisse für ein Grab auf dem Tierfriedhof ausgegeben. Sie war erst achtzehn, als sie den Hund einschläfern lassen musste, und es war die schwerste Entscheidung ihres

Lebens. Die Hündin war ihre beste Freundin gewesen, und nach ihrem Tod hatte Carole so unendlich getrauert, dass sie angefangen hatte, sich zu ritzen.

Sie erzählte den Doku-Produzenten: »Als ich sie verloren habe, wollte ich über die Brücke in Taymore rennen und ins Wasser springen. Ich hätte alles getan, um wieder bei ihr zu sein.«

In den zwei Jahren seit dem Tod ihrer Hündin suchte Carole das Grab ohne Unterbrechung zwei Mal wöchentlich auf. Dann setzte sie sich hin und sprach mit ihrer Hündin, weil sie spürte, dass der Yorkie sie hören konnte. Sie hatte neben den Grabstein und den Blumen eine kleine Spielzeugwindmühle aufgestellt und berichtete, dass sich die Flügel der Windmühle an manchen windstillen Tagen plötzlich drehen würden. Das sah sie als Zeichen dafür, dass die Hündin sie hören konnte.

»Die Leute mögen mich für verrückt halten, aber so denke ich nun mal«, sagte sie, und ich glaube, sie denkt ganz richtig.

Ich fragte sie: »Können Sie sich noch daran erinnern, wie Ihre Hündin reagierte, wenn Sie glücklich und liebevoll zu ihr waren?«

»Ja, sie sprang mich immer an und gab mir Küsschen. Sie war die fröhlichste kleine Maus der Welt.«

»Und wissen Sie noch, wie sie sich verhielt, wenn Sie traurig waren?«

»Dann hat sie sich in eine Ecke gehockt und nicht mehr mit mir gesprochen. Und ich habe mich schuldig gefühlt, weil ich sie auf Abstand hielt.«

»Gut, denken Sie an das traurige Gefühl, das Sie jetzt empfinden. Das tun Sie gerade Ihrer Hündin in der geistigen Welt an. Sie trösten sie nicht, wenn Sie um sie trauern, sondern halten sie auf Abstand. Die Liebe, die Sie aufgebaut haben, stirbt nie. Und das Tier bleibt immer bei Ihnen. Selbst in der geistigen Welt wird es nie von Ihrer Seite weichen. Die Hündin liegt nicht im Grab, sondern folgt Ihnen überallhin. Sie ist ein kleiner Frechdachs, nicht wahr? Hieß sie zufällig Sassy? *(Sassy = frech).*«

An diesem Punkt war Carole wie ausgewechselt. Ihr Gesicht hatte sich total verändert. Man konnte sehen, dass sie zum ersten Mal seit dem Tod ihrer Hündin eine echte Verbindung zu ihr fühlte. »Ja, sie hieß Sassy«, sagte sie. »Sie hatte sogar ein T-Shirt, auf dem ihr Name stand!«

Ich war froh, Carole dabei helfen zu können, ihren Verlust besser anzunehmen und sich wieder mit Sassy verbunden zu fühlen, die heute sicher ihre Gegenwart noch genauso deutlich zeigt wie in ihrem früheren Leben! Sie kam aus demselben Grund, weswegen viele verstorbene Menschen mit ihren Nächsten kommunizieren, mit einer Botschaft an Carole zurück: Sie merkte, dass es Carole schlecht ging, und sie wollte ihr helfen und sie aufmuntern. Dieser Fall zeigt deutlich, wie schwer uns die Entscheidung fällt, unsere geliebten Haustiere loszulassen. Carole war zwar todtraurig darüber, doch sie entschied richtig, und Sassy hat ihr gezeigt, dass die Liebe immer einen Weg findet, wenn es darauf ankommt.

Die Art und Weise, wie Tiere mit uns kommunizieren, kann uns viel über ihre Persönlichkeit im irdischen Leben verraten. Vickys Mann Bob spürte, wie seine Ziege Stella sich an ihm rieb und seine Aufmerksamkeit einforderte – und auch, wie sie ihren Futternapf nicht aus den Augen ließ! Sally Foster aus Ipswich in England hatte eine Hündin, deren Name so wohlklingend ist, dass ich sie Mystic Megan nenne:

Ich hatte meine wunderschöne weiße Schäferhündin neun Jahre lang. Wir waren immer zusammen, und nach ihrem

Tod fing ihre Quietschente plötzlich unerklärlich an zu quietschen. Zuerst erschrak ich, und mein Mann dachte schon, ich hätte den Verstand verloren. Aber dann quietschte sie eines Tages in seiner Gegenwart! Ich bin sicher, das war Megans Art, sich uns zu zeigen.

Das Medium Jan Brook – eine Freundin von mir – brachte eine Verbindung zu einer ziemlich ungewöhnlichen Persönlichkeit zustande, während sie in einer vollen Kirche ihre Arbeitsweise demonstrierte. Sie hatte gerade eine Botschaft überbracht, als sie plötzlich ein Äffchen – das auch noch eine Uniform in Tarnfarben trug – wahrnahm. Es rückte immer näher und hockte schließlich auf ihrer Schulter. Sie wandte sich den Zuschauern zu und sagte: »Ich weiß nicht, wie ich es erklären soll, aber ich habe gerade Verbindung zu einem Affen und keine Ahnung, wie ich mit ihm kommunizieren soll!«

Da zündete sich der Affe eine Zigarette an und blies Rauchringe in die Luft! Jan bekam sofort ein Gefühl dafür, wie der Kleine drauf war: Er war tiefenentspannt. Das Äffchen paffte. Dann hob es einen Bierkrug hoch und nahm einen Schluck. Sie erzählte den Zuschauern, was sie sah, und der Saal raste. Dann stand eine Frau auf und meinte, dieses Reading beträfe sie. Wie sich herausstellte, hatte der Affe ihrem Großvater gehört, als der im Zweiten Weltkrieg in Nordafrika im Einsatz gewesen war. Das Tier war zum Maskottchen seines Regiments geworden. Die Soldaten hatten ihm beigebracht, in ihrer Gesellschaft Rauchringe zu blasen und Bier zu trinken. Die Frau hatte den Affen zwar nie selbst gekannt, doch ihr Großvater hatte ihr viele Geschichten über ihn erzählt. Sie hatte sogar ein Foto ihres Großvaters mit dem Affen dabei. Anschließend kam ihr Großvater selbst durch und überbrachte ihr eine

Nachricht. Ich wette jedoch, Jan war nicht die Einzige, die sich fragte, was der Affe zu erzählen hatte!

Wie Albert Best mir erzählte, hatte er einmal zugesehen, wie das berühmte schottische Medium Helen Duncan vor 30 oder 40 Zuschauern in Glasgow einen Elefanten materialisierte, indem sich die Umrisse des Elefanten plötzlich aus einer weißen Wolke aus Ektoplasma formten. Sie nahm jedoch nicht bloß deshalb Verbindung zu dem Elefanten auf, um ihre Künste zu präsentieren. Es bestand tatsächlich eine Verbindung zwischen dem Tier und einem der Zuschauer der Séance. Albert Best war überzeugt, dass Helens Geistführer dieses Phänomen zuließen, um den Anwesenden zu demonstrieren, dass alle Lebensformen aus der geistigen Welt zu uns zurückkehren können, wenn wir sie in diesem Leben geliebt haben. Er berichtete mir auch, wie sehr diese Darstellung alle fasziniert hatte, auch wenn keiner so baff gewesen war wie der Mann, der sich einige Jahre zuvor um diesen Elefanten gekümmert hatte. Man sagt ja, Elefanten würden niemals vergessen – dieser Fall beweist es!

Wenn ich mir alle meine Readings ansehe, bei denen ein Haustier Verbindung aufgenommen hat, haben mich wohl die am meisten berührt, die nichts mit exotischen Tieren oder Kunststücken zu tun hatten, sondern vielmehr mit der starken Persönlichkeit eines Tiers und der Welle an Herzlichkeit, die es mitbrachte.

Vor einiger Zeit gab ich in Österreich einem Ehepaar mit Hilfe eines Dolmetschers ein Reading, bei dem ihr kleiner Sohn Marcus Verbindung aufnahm. Ich spürte, dass Marcus in seinem Leben irgendein Handicap oder eine chronische Krankheit gehabt hatte, woran er letztendlich gestorben war. Er war nur viereinhalb geworden, und wie ich mitbekam, war das auch seine Lebenserwartung gewesen. Wie er mir sagte, ging es ihm gut, alles war in Ordnung, und er wollte seinen Eltern danken.

Sie waren darüber sehr gerührt, doch bei seinem nächsten Zeichen weinten sie vor Freude. Marcus schickte mir das Bild eines weißen englischen Bullterriers, der sich im Kreis drehte und seinen Schwanz jagte. Dann blieb er keuchend und mit heraushängender Zunge stehen, und der Junge legte ihm unbeholfen die Arme um den Hals. Der Hund wandte sich ihm zu und leckte seine Ohren ab. Das Gelächter des kleinen Jungen war verzaubernder als alles, was ich je gehört habe, und in diesem Moment hörte ich den Namen »Snoopy«.

Als ich den Eltern diese Szene schilderte, waren sie erstaunt und überglücklich – umso mehr, als Marcus sagte, dass Stefan auch da war. Die Mutter sagte: »Das ist unser anderer Sohn. Ich bin so froh, dass sie alle zusammen sind und auch Snoopy bei sich haben.« Die Dolmetscherin konnte vor Tränen der Rührung die Botschaft kaum übersetzen. Wie die Mutter mir sagte, hatte es ihn im Leben immer am meisten aufgeheitert, wenn Snoopy ihn ableckte. Er fing schon an, sein bezauberndes Lachen zu glucksen, wenn der Hund ins Zimmer kam. Marcus war immer entzückt gewesen zu sehen, wenn der Hund seinem eigenen Schwanz hinterherrannte, und oft hatte es so ausgesehen, als hätte Snoopy es nur zu seiner Unterhaltung getan. Die Hand des Jungen war verkrüppelt gewesen, und deshalb war es ihm schwergefallen, den Hund zu umarmen, was ihn jedoch nicht davon abgehalten hatte.

Das Bild des Hundes, der versucht, seinen eigenen Schwanz zu fangen, war ein ganz wichtiger Bestandteil der Botschaft. Es war das Siegel. Es zeigte den Eltern die heitere Fröhlichkeit, die ihre Söhne in der geistigen Welt immer noch erleben konnten.

Viele Leute sagen, es müsse schwer sein, die Botschaft eines Tiers zu empfangen, da es ja nicht sprechen kann. Doch in Fällen wie Snoopys

Bild ist das gar kein Problem. Es ist reines Gefühl, es sind vollkommene Erinnerungen aus der Schatzkiste, es ist eine unmittelbare Übertragung von Glückseligkeit, die wie eine Vitaminspritze wirkt. Und wer könnte das besser als ein Hund?

Tiere unterscheiden sich nicht von Menschen. Manche Tiere sind lebhaft; andere sind ruhig. Es gibt viele nichtssagende Menschen, und als Medium ist es schwierig, etwas über sie auszusagen. Ich musste schon unzähligen Leuten sagen: »Ihr Mann ist hier, aber er sagt nicht viel.« Dann lachten sie und sagten, dass er im Leben genauso war. Die Tiere in diesem Buch sind jedoch alles einmalige und wirklich außergewöhnliche Persönlichkeiten.

Einer der bedeutendsten tierischen Kommunikatoren, den ich je kennengelernt habe, präsentierte sich dem Publikum, als ich mich gerade auf Tour in Südafrika befand, während ich dieses Buch schrieb. Eines Abends demonstrierte ich in einem Theatersaal in Johannesburg meine Arbeit als Medium, als mir ein gewisser Bruno erschien, der wie verrückt umherrannte. Zuerst hielt ich ihn für einen verstorbenen Menschen – ich habe in meinen Readings schon seltsamere Dinge erlebt –, und so schilderte ich den Zuschauern, was ich fühlte. Doch plötzlich hielt ich überrascht inne und rief aus: »Ach Gott, es ist ja ein Hund!« Er zeigte sich mir: ein grau-weißer Staffordshire Terrier mit ungewöhnlichen blauen Augen.

Im Zuschauerraum streckte ein Mann die Hand hoch und stellte sich als Robin vor. Er sagte, Bruno sei sein Hund gewesen, den er in der Woche zuvor hatte einschläfern lassen müssen. Während er redete, rannte der Staffordshire Terrier wild im Kreis herum. »Es ist jemand bei ihm«, sagte ich. »Eine Frau. Ihr Leben wurde ihr von jemandem genommen, aber Bruno übermittelt sie, und er freut sich, sie bei sich zu haben.«

Es war Robins Schwester. Sie war erst vor kurzem bei einem Überfall in ihrem Auto umgebracht worden. Robin hatte also beide – sie und den Hund – innerhalb weniger Wochen verloren. Was dieses Reading so ungewöhnlich machte, war die Tatsache, dass ich noch nie einem Tier begegnet war, das so gut kommunizieren konnte. Es war die detaillierteste und akkurateste Botschaft, die ich je von einem Hund überbracht habe – einschließlich Namen, Adressen und Daten. Bruno zeigte mir sogar den Ort, an dem Robins Schwester ermordet worden war, auch wenn er selbst nie dort gewesen war.

Ich sagte seinem Herrchen: »Es ist verrückt, aber dieser Hund weiß genau, wie er seine Botschaft rüberbringen muss! Er zeigt mir alle möglichen Details über den Tod Ihrer Schwester.«

»Wenn Sie Bruno kennen würden, dann wüssten Sie, warum er das kann«, sagte Robin. »Er hat täglich mit Menschen kommuniziert, vor allem mit meiner Schwester, und es klang immer, als wollte er Wörter aussprechen. Also mich überrascht es nicht!«

Ich spürte, wie Bruno zwischen Robin und der Frau zu seiner Linken sprang. Er sprang mit allen vier Füßen gleichzeitig ab, wie Lämmer es tun. Robin erklärte, dass die Frau seine andere Schwester war. Bruno sprang immer so, wenn sie das Haus betrat.

Später berichtete er mir, dass Bruno »äußerst wählerisch« gewesen sei und nur ganz besondere Menschen gemocht habe. Er hatte die junge Frau, die getötet worden war, heiß geliebt. Ich bekam das Gefühl, dass Bruno in die geistige Welt übergegangen war, um sie zu beschützen und sich um sie zu kümmern. Robin zeigte mir ein Foto des Staffordterriers – und seine Persönlichkeit sprang mir aus dem Bild entgegen.

Ich bin sicher, Bruno brauchte mich nicht wirklich als Medium für die Kommunikation mit seiner Familie, aber die Umstände passten, und er sorgte dafür, seine Starrolle spielen zu können – ich glaube, er wollte mal im Rampenlicht stehen und in diesem Buch erscheinen.

Die nächsten beiden Geschichten handeln von Tieren, die ohne die Hilfe eines Mediums Wege gefunden haben, wie sie ihren Familien beweisen konnten, dass sie auch nach dem Tod noch bei ihnen waren. Astrid Wareham aus Kapstadt in Südafrika – die auch Redge adoptierte – hat mir noch eine Geschichte über eine ganz besondere Katze erzählt:

> *Jethro kam ursprünglich aus der Familie meines Mannes. Eine Tante von ihm hielt Katzen, und Jethro stammte aus einem ihrer Würfe. Sie war eine silberfarbene Siamkatze mit blauen Augen. Mit acht Wochen fiel sie in den Teich hinten im Garten und wäre beinahe ertrunken. Der Onkel meines Mannes fischte sie aus dem Wasser und belebte sie so gut er konnte wieder, aber von da an verhielt sie sich ein bisschen seltsam. Möglicherweise hatte sie durch den Sauerstoffmangel einen Hirnschaden erlitten.*
>
> *Sie war jedoch eine wunderbare Gefährtin, eine ganz besondere Katze, und wie viele Siamkatzen sehr gesprächig. Wenn ich ein Lied wie zum Beispiel »Happy Birthday« sang und ein Wort ausließ, füllte sie die Lücke mit einem »Miau«. Sie wollte immer wissen, was gerade passierte und wer sich gerade bei uns aufhielt, und Besucher fragten immer: »Wo ist denn Jethro?« Immer wenn ich down war, kletterte sie auf meinen Schoß und tröstete mich – ohne Ausnahme. Sie schmiegte sich gern an mich und lutschte an meiner*

Strickjacke, als würde sie an der Mutterbrust saugen, und wenn ich in der Küche Kartoffeln schälte, sprang sie an meinen Beinen hoch, klammerte sich an den Gesäßtaschen fest und kletterte dann auf meine Schulter.

Sie war so neugierig, dass ich aufpassen musste, wenn ich das Haus verließ, um einen Spaziergang zu machen. Denn wenn ich die Tür nicht abschloss, folgte sie mir nach draußen. Einmal fuhr ich auf unserer Straße, als mir unsere Nachbarn entgegenkamen und mir signalisierten, ich solle anhalten. Unter schallendem Gelächter deuteten sie auf mein Autodach, und als ich hinsah, entdeckte ich Jethro, die sich auf dem Dach unseres Wagens zusammengerollt hatte und die Fahrt genoss!

Wir hatten Jethro schon sechs Jahre, als sich eines Vormittags im Frühling plötzlich mein Herz zusammenzog und ich spürte, dass mein Kätzchen bald von uns gehen würde. Ich flüsterte ihr ins Ohr, dass es ihr nicht erlaubt war, uns zu verlassen – ich konnte den Gedanken, sie zu verlieren, einfach nicht ertragen. Doch nur wenige Wochen später bekamen wir die schreckliche Nachricht: Jethro war auf der Straße vor unserem Haus von einem Auto überfahren worden. Wir veranstalteten eine kleine Trauerfeier für sie und begruben sie in einer Ecke unseres Gartens.

In jener Nacht hatte ich einen Traum: Ich stand in unserem Wohnzimmer und Jethro spazierte vom Garten herein. Ich war so erleichtert, als ich sah, dass ihr nichts fehlte, aber die Vernunftseite meines Gehirns konnte nicht glauben, dass die Katze, die wir begraben hatten, jetzt lebendig war und ins Haus kam. Ich wollte sie gerade hochheben und auf den

Arm nehmen, als die Vernunftseite die Oberhand gewann – und mein Traum jäh endete.

Nach ihrem Tod sahen ich und meine Tochter Jethro noch mehrere Tage lang auf ihren Lieblingsplätzchen im Haus liegen. Wir erkannten sie sofort und gleich darauf löste sich das Bild wieder auf. Seitdem träume ich immer mal wieder, Jethro und ich würden uns wie früher aneinanderkuscheln.

Ich glaube, sie blieb bei uns, während wir um sie trauerten – um unseren Schmerz zu lindern.

Wenn Jethro ihre Besitzerin im Leben tröstete, während diese traurig war, dann ist es nur logisch, dass sie auch von der Trauer ihres Frauchens angezogen wurde und ihr dabei half, über den Verlust hinwegzukommen. Was für eine tolle kleine Katze!

Auch Lindsey Wingate aus Buckinghamshire in England fand einen unvergesslichen Freund, als sie sich nach einem neuen Familienmitglied umschaute:

Ich wollte einen englischen Mastiffwelpen als Gefährten für unsere deutsche Dogge Stanley kaufen. Bei einem Züchter fiel mir ein Welpe auf, den ich aussuchte. Wir nannten ihn Barney. Die beiden Hunde standen sich sehr nahe und waren mir und meinen kleinen Kindern treu ergeben. Beide waren einzigartige Hunde; beide waren »anders«.

Einmal rettete Stanley mir das Leben, indem er mich gegen eine Hauswand drückte. In dem Moment, in dem ich mit ihm deswegen schimpfte, kam ein Lastwagen angerast, der mit einem Rad auf dem Bürgersteig fuhr – er hätte uns beide überfahren, wenn Stanley mich nicht rechtzeitig weggeschubst hätte. Er hatte auch ein feines Gespür für andere Leute, und ich lernte, auf ihn zu hören. Wenn er jemanden für gefährlich hielt, wurde er ganz still und ruhig, und auch wenn man sein Knurren nicht hörte, konnte ich es fühlen und beobachten, wie er den Betreffenden anstarrte.

Unser Nachbar hatte mir und meiner Familie gedroht, er würde uns umbringen, und er war auch seiner eigenen Frau und seinen Kindern gegenüber gewalttätig. Auch wenn Stanley nie etwas davon mitbekam, schlug er immer warnend an, wenn der üble Typ an unserem Haus vorbeiging. Und Stanley liebte es, mir zu Füßen zu liegen, wenn ich gerade meditierte oder geistige Energie in den Garten channelte.

Barney hatte eine reife, alte Seele. Er knabberte nie an der Hand, wie Welpen es tun, und sprang uns auch nie an. Er benahm sich jedem gegenüber äußerst feinfühlig, wie ein braver erwachsener Hund. Er war einfach nur glücklich, mit Menschen zusammen zu sein, auch mit unseren Kindern, von denen eins noch ein Baby war.

Als unser Tierarzt Herzgeräusche bei Barney feststellte, wollten wir ihn für eine umfassendere Untersuchung in eine Londoner Tierklinik bringen. Ich wollte mit dem Baby mitkommen, wenn mein Mann mit Barney nach London fuhr, doch er ging mit Barney an der Leine hinaus. Ich bat ihn, auf uns zu warten, aber er sagte, er würde mich und das Baby (das erst vor kurzem operiert worden war) nicht mitnehmen. Ich konnte ihn nicht umstimmen, und so nahm ich Barneys Kopf, küsste ihn und ermahnte ihn, brav zu sein.

Mehrere Stunden später erhielt ich die schlechte Nachricht: Barney war eingeschläfert worden, und mein Mann dachte, es sei nicht nötig, mir das vorher zu sagen. Es brach mir das Herz, obwohl ich auch der Meinung war, dass es für Barney das Beste war, da alle vier Herzklappen kaputt waren. Ich war jedoch wütend darüber, nicht gefragt und auch nicht informiert worden zu sein. Ich war so wütend, dass ich ein paar Tage lang kein Wort mit meinem Mann redete.

An diesem Abend saß ich bei Sonnenuntergang draußen und rauchte eine Zigarette. Die Hundebetten waren im Garten, und Stanley lag in seinem Bettchen und hatte den Kopf auf Barneys Bett gelegt. Sie hatten vorher ihre Betten nebeneinandergelegt, um zusammen zu sein. Stanley roch Barneys Geruch auf dem Kissen und weinte ein bisschen. Als ich ihn rief, kam er nicht zu mir. Da wusste ich, dass er um Barney trauerte.

Durch meinen eigenen Tränenschleier sah ich am Ende des Gartens Umrisse – und merkte, dass es Barney war, der langsam den Weg entlangging und mich auf seine süße, traurige Art und Weise ansah. Ich weinte ergriffen. Dann löste sich das Bild auf. Als ich Stanley ansah, merkte ich, dass er Barney auch gesehen hatte. Er starrte auf die Stelle, an der Barney gestanden hatte. Dann kam er angerannt und schlabberte mich tröstend ab. Wir waren beide ziemlich emotional!

Ich erhob mich und ging wieder ins Haus, um Tee zu kochen. Da hörte ich ein merkwürdiges Geräusch. Stanley rannte mit den Hundebetten im Garten umher, erst mit dem einen, dann mit dem anderen, und schüttelte sie durch. Er legte Barneys

Bettchen weit weg und schleppte dann sein eigenes für die Nacht ins Haus. Er wusste, dass Barney nicht mehr zurückkommen würde.

Meine zwei Jüngsten waren anderthalb Jahre und drei Monate alt, als Barney starb. Doch in den nächsten drei Jahren spielten sie an Weihnachten immer mit einem imaginären Hund, den sie Barney nannten und der im Erdgeschoss unseres Hauses umherfetzte. Sie kannten seinen Namen und konnten sein Aussehen beschreiben, obwohl sie beide noch zu klein gewesen waren, um sich an ihn erinnern zu können, und wir keine Fotos von ihm hatten. Jetzt sind sie elf und neun und schreiben immer noch Briefe an Barney, weil sie sich an ihn »erinnern«.

Stanley starb letztes Jahr im stolzen Alter von elfeinhalb – Doggen werden im Durchschnitt nur acht Jahre alt –, doch beide Hunde haben sich bei Auftritten von medial Begabten in der Kirche gezeigt, um mir und den Kindern Hallo zu sagen.

Mein Mann und ich ließen uns vor acht Jahren scheiden, und meine Spiritualität hat mir in den langen Jahren als alleinerziehende Mutter von fünf Kindern Kraft gegeben. Heute mache ich eine Ausbildung als Sozialarbeiterin und bin bereit für einen neuen Hund, der sich uns aussucht.

Warum sollte ein Tier wie Barney nicht zu den Menschen, die er geliebt hat und mit denen er sein Leben geteilt hat, zurückkommen? Verstorbene kommen zurück, um uns zu beschützen und zu lenken – und diese Tiere haben uns genauso geliebt. Aus diesem Grund sind sie im geistigen Leben noch genauso unsere Beschützer und Tröster, wie sie es im irdischen Leben waren. Sie bleiben es immer.

Das einzige Problem, das die Menschen bei der Vorstellung, dass ihr verstorbenes Tier zurückkommt, haben, ist ihr eigener beschränkter Verstand. Wir glauben, wir wären anders als Tiere, aber wir sollten sie als Geistwesen, als Seele auf einer Ebene ansehen, auf der wir mit ihnen verbunden sind. Wenn diese Verbindung besteht, ist unser Geist dafür offen genug.

Die Kommunikation eines Tiers muss nicht in Form eines Traums oder einer Erscheinung stattfinden. Manchmal besteht sie einfach nur aus dem plötzlichen Gefühl, das Tier zu spüren. Dann muss man herausfinden, warum man gerade an das Tier gedacht hat und was es einem womöglich sagen will. Dass man mehr auf sich achten muss? Oder sich etwas bewusst werden sollte? Genau das tut meine erste Hündin Lassie noch heute – Jahrzehnte nach ihrem Tod.

Lassie ist für mich tatsächlich zu einer Art übersinnlichem Frühwarnsystem geworden. Wenn sie mir im Traum erscheint, weiß ich, dass ich auf das achten muss, was um mich herum geschieht, weil es fast immer bedeutet, dass irgendwo jemand mir schaden will. Einmal träumte ich, dass ich von einem Wolf angegriffen wurde, der mir an den Hals sprang. Lassie tauchte im Traum aus dem Nichts auf und verjagte ihn. Ein anderes Mal hatte ich Probleme bei der Arbeit, die mich sehr nervös machten, auch wenn ich den Grund nicht kannte. In dieser Zeit hatte ich einen unglaublich plastischen Traum, in dem ich – wie immer in solchen Träumen – durch die Fasanenfelder lief. Ich ging einen Weg entlang, als sich plötzlich eine Kobra vor mir reckte. Ich wusste, sie würde mich angreifen, aber im Traum konnte ich ihr nur den Rücken zudrehen. Dann kam Lassie angerannt und sprang zwischen mich und die Kobra, die sich gerade auf mich stürzen wollte. Die Fangzähne der Schlange erwischten Lassie, die zu Boden fiel. Dann löste sich die Schlange auf, und Lassie erhob sich, schüttelte sich und war wohlauf. Das Gefühl, beschützt zu werden, strömte durch meine Adern. Beim Aufwachen war das seltsame Gefühl, dass da draußen etwas auf mich lauerte und immer noch da war, und es dauerte ein paar Tage, bis mir die Bedeutung des Traums klar wurde: Jemand versuchte, mich auszutricksen, um mich in Schwierigkeiten zu bringen, um selbst zu punkten. Ich erkannte, wer es war und was er vorhatte. Also verließ ich diese Arbeitsstätte und dankte Lassie dafür, dass sie mich beschützt hatte.

Ich weiß natürlich nicht, ob es wirklich Lassie in der geistigen Welt war oder nur mein eigener Geist, der spürte, dass etwas nicht stimmte, und Lassies Bild heraufbeschwor. Aber ich hatte hinterher das Gefühl, von jemandem beschützt zu werden. Für mich ist Lassie ein ganz persönliches Symbol des Vertrauens und der Freundschaft, und deshalb achte ich ganz bewusst auf sie, wenn sie mir erscheint.

Ich weiß, dass viele Menschen Erlebnisse haben, bei denen ihre Tiere nach deren Tod zu ihnen zurückkehren – manche mit wichtigen Botschaften oder Warnungen, andere, um ihre Menschen zu trösten, indem sie ihnen zeigen, dass sie in Sicherheit sind und nicht mehr leiden. Sie kommen jedoch vor allem deswegen zurück, weil sie uns lieben – und weil sie uns lieben, können sie es auch.

Kapitel 10

Werden Tiere wiedergeboren?

Wenn man über das Weiterleben der Tiere nach ihrem Tod redet, trifft man früher oder später immer auf einen Witzbold, der Kommentare über »frühere Leben« macht und fragt, ob Ihre alte rotbraune Katze vielleicht die wiedergeborene Maria Stuart ist. Früher scherzte meine Mutter, dass Lassie in Wirklichkeit mein Großvater sei, aber auch wenn sie ein paar Gemeinsamkeiten hatten, kann ich mich nicht daran erinnern, dass mein Opa in den Fluss gesprungen wäre, um Schwäne zu jagen!

In *Mein Kontakt mit dem Jenseits* zitiere ich den Dalai Lama: »Um das Wesen der Wiedergeburt zu verstehen, muss man erst das Bewusstsein verstehen.« Ich vergleiche das Bewusstsein mit einer Computerfestplatte, auf der viele »Programme« oder Leben aufgespielt sind; während nur eines dieser Programme gerade läuft, sind die anderen gespeichert und können in das jetzige Leben eingreifen oder Einfluss darauf haben.

Wenn – wie wir gesehen haben – Tiere ein Teil des größeren Bewusstseins sind, dann folgt daraus natürlich, dass auch sie wiedergeboren werden – und Programme auf der Festplatte sind. Doch inwiefern nehmen sie Anteil daran? Und woran lässt sich das erkennen? Es gibt zwei Möglichkeiten, wie Tiere zum großen Kreislauf der Wiedergeburt gehören. Die folgenden beiden Geschichten zeigen deutlich die erste Möglichkeit. Die erste Schilderung stammt von meiner Freundin

Loretta, die Wiedergeburt ohne Zweifel annehmen kann, wenn sie ihr begegnet, und sie als selbstverständlich ansieht:

> *Sechs Monate nachdem mein Bruder Raz an Krebs verstorben war, starb auch Leannes Mann an derselben Krankheit. Wir waren vorher nur Bekannte gewesen, doch nach allem, was wir miteinander durchgemacht hatten, wurden wir enge Freunde. Wir beschlossen, gemeinsam auf eine Wandertour in Bhutan im Himalaya zu gehen. Das wollte ich schon immer einmal machen. Wir beschlossen, in einem ganz unberührten Gebiet mit einem Team von Reiseführern der Gegend zu wandern und zu campen. Wir wollten der Zivilisation entfliehen.*
>
> *Am ersten Tag in den Bergen tauchte ein großer schwarzweißer Hund auf und schloss sich uns an. Die einzigen Wildtiere oben in der Höhe sind Yaks und wilde Hunde, und so fragten wir die Reiseführer immer wieder: »Wem gehört denn der Hund?« Sie antworteten, dass er vermutlich vom Kloster in der Nähe stammte und irgendwann umdrehen und nach Hause trotten würde. Doch auch nach fünf Stunden blieb der Hund an unserer Seite, und wir fingen an, uns Sorgen zu machen, dass er sich verlaufen könnte. Doch die Reiseführer beruhigten uns, dass ihm nichts passieren würde.*
>
> *Seltsamerweise redeten Leanne und ich unabhängig voneinander mit dem Hund. Während wir immer höher stiegen, wurde die Luft immer dünner und das Atmen und Wandern wurde immer beschwerlicher. Ich wurde ziemlich unruhig, weil die Luft so dünn war, dass ich beim Atmen Seitenstechen bekam. Leanne mühte sich ab und konnte irgendwann*

nicht mehr mit uns mithalten. Der Hund blieb bei ihr. Wenn sie weiterging, ging auch er weiter; wenn sie stehenblieb, blieb auch er stehen. Sie versuchte, einem der Reiter zu folgen, aber er war zu schnell, und sie verlor ihn aus den Augen. So blieb sie allein mit dem Hund in der Dunkelheit zurück. Im nächsten Camp holten sie und der Hund uns ein, und sie wunderte sich ziemlich aufgewühlt, was sie geritten hatte, im Gebirge einem Streuner hinterherzulaufen. Wir waren beide geschockt.

Dann scherzten wir, dass der Hund mein Bruder Raz und ihr Mann Al war, die zurückgekommen waren, um uns zu beschützen, weil der Straßenhund genau das getan hatte. Wir nannten ihn Rally. Er weigerte sich, vor der Kälte geschützt in unserem kleinen Zelt zu schlafen, und hielt lieber draußen Wache. Er wollte weder Wasser noch eine Decke, aber manchmal nahm er ein Stückchen Fleisch von uns an. Dafür mussten wir das Fleisch auf den Boden legen und uns entfernen, da der Hund sich nicht anfassen ließ und auf Distanz blieb. Er schien auch nichts mit den anderen Tieren am Hut zu haben, sondern folgte uns den ganzen Tag über wie ein Schatten.

Morgens rührte er sich erst dann, wenn wir aufstanden, und wenn wir alles zusammengepackt hatten, wartete er schon auf uns. Er blieb die ganzen fünf Tage an unserer Seite. Wir machten uns Sorgen um ihn; vielleicht war er zu weit von zu Hause weggelaufen, doch die Reiseführer meinten, er wüsste, was er tue.

Schließlich erreichten wir das Dorf, in dem die Straße zurück zur Kleinstadt führte. Dort war unsere Wandertour zu

Ende. Ein Dorfbewohner lud uns zum Essen ein und zeigte uns dann die Dorfschule. Als wir wieder aus der Schule kamen, war der Hund verschwunden. Niemand hatte ihn weglaufen sehen, obwohl wir uns auf einem großen offenen Platz befanden, wo man ihn nicht übersehen hätte.

Unsere Reiseführer waren gläubige Buddhisten. Sie waren überzeugt, dass Rally ein Beschützer war, der uns geführt hatte. Für sie war es nichts Unerklärliches.

Wie ich Gordon kannte, würde er spüren, was geschehen war. Als ich nach England zurückkam, erwähnte ich es daher nicht, obwohl ich mehrmals mit ihm telefonierte. Drei Wochen später ging ich mit Gordon und Jim aus, und da fragte mich Jim nach meiner Reise in den Himalaya. Ich erzählte, ich hätte einige sehr seltsame und beeindruckende spirituelle Dinge erlebt und es gebe etwas, worüber ich mit Gordon sprechen wolle. Jim wies mich an, ihm nichts davon zu erzählen, sondern es für Gordon aufzuheben.

Und wer hätte es gedacht? Gordon hatte eine Nachricht für mich. Ein paar Wochen später rief er mich an und sagte, er habe am Morgen unter der Dusche eine Botschaft von Raz empfangen. »Sag meiner Schwester, dass ich im Himalaya-Gebirge die ganze Zeit über bei ihr war. Ich habe ihr in Gestalt eines Hundes den Weg gezeigt und sie beschützt, weil es mir möglich war.«

Mein Bruder und ich standen uns sehr nahe, und es passte genau zu ihm. Ich hatte Gordon ganz bewusst nichts erzählt, um sicher sein zu können, dass es stimmte, sollte Raz ihm wirklich erscheinen.

Wer kann mit Sicherheit sagen, dass der Hund auf dieser Wandertour wirklich existierte? Ich vermute, er war nur die Umsetzung des Geistes der beiden Männer Raz und Al, die Loretta und Leanne in der Gestalt eines vierbeinigen Beschützers gesehen haben. Und auch wenn der Hund kein zutrauliches Haustier war, strahlte er nichts als Güte aus. In unserem menschlichen Zustand unterliegen wir leider den Beschränkungen unserer eigenen Logik und Vernunft. In mancher Hinsicht brauchen wir diese Richtlinien, um Bodenhaftung in der menschlichen Realität zu bewahren, doch selbst in dieser Realität können Dinge geschehen, die allem Gelernten trotzen. Wir fangen gerade erst an zu begreifen, dass unser Bewusstsein aus vielen verschiedenen Ebenen besteht.

Loretta und Leanne machten ihre Erfahrung an einem äußerst spirituellen Ort. Im Himalaya-Gebirge treffen zwei Welten aufeinander; dort können magische Dinge passieren. Wie Loretta und Leanne feststellten, erreichten sie an diesem Ort eine tiefere Bewusstseinsebene.

Angela Latchford aus Hertfordshire, England, erzählt die nächste Geschichte. Sie ist sogar ein noch unglaublicherer Bericht über die Ausstrahlung einer wirklich außergewöhnlichen Persönlichkeit.

> *Als mein Schwiegervater Ronald noch jung war, hatte er einen kleinen Mischling namens Bess. Bess begleitete ihn immer bis zur Bushaltestelle, wenn er morgens zur Arbeit ging, und holte ihn nach Feierabend wieder dort ab. Als Ronald im Zweiten Weltkrieg in die Armee (REME) eingezogen wurde, brachte seine Hündin ihn bis ans Ende der Straße. Dort nahmen sie voneinander Abschied, und dann trottete Bess wieder nach Hause.*

An diesem Abend wollte Bess nicht hinausgelassen werden, um an der Haltestelle auf ihn zu warten. Solange er im Krieg war – was vier Jahre dauerte – machte sie keine Anstalten, ihn von der Arbeit abzuholen. Auf irgendeine Weise wusste die Hündin genau, wann er zurückkommen würde, obwohl Ron vier Jahre lang auf der anderen Seite der Erdkugel diente. Während meine Tochter Alison aufwuchs, erzählte ihr mein Schwiegervater gerne die Geschichte über Bess, und sie wollte sie auch immer wieder hören.

Mein Schwiegervater war ein toller Mensch, ein echtes Unikum, immer lustig und gut drauf. Die meiste Zeit über war er Kriegsgefangener in Fernost gewesen, und hinterher hatte er immer das Gefühl, als wäre es bald vorbei mit ihm und als müsste er das Meiste aus dem Leben herausholen. Er war dem Teufel oft gerade noch von der Schippe gesprungen und wusste, dass irgendjemand da oben auf ihn aufpasste. Er hatte nicht nur einmal, sondern gleich dreimal Schiffbruch erlitten. Einmal wurde er aus dem Wasser gezogen, und zweimal konnte er sich an Land retten, während die anderen um ihn herum ins Meer hinausgetragen und nie mehr gesehen wurden. Sein grauenhaftestes Erlebnis war auf einem Gefangenenschiff gewesen, auf dem die Männer tot oder wahnsinnig aus der Zelle gezogen wurden, und er hatte sogar mit ansehen müssen, wie seine Kameraden ihren eigenen Urin tranken, um zu überleben, weil sie nichts zu essen und zu trinken bekamen. Dieses Schiff war von einem US-Flieger bombardiert worden, und als er sich doch noch mit einigen Kameraden auf ein anderes amerikanisches Schiff retten konnte, wurden die Männer, die links und rechts neben ihm unter Deck kauerten, von Maschinenfeuer getötet. Später arbeitete er als Zwangsarbeiter in einer Kohlenmiene in Nagasaki. Eines Tages stieg er hoch ans Tageslicht und entdeckte den geschmolzenen Stahl des Hebekrans der Miene auf dem kahlen Gebiet, hinter dem der »Atompilz« über der Stadt aufstieg.

Im Ruhestand widmete er seine Freizeit den anderen Veteranen seines Regiments und schrieb seine Erlebnisse auf, die so grauenhaft waren, dass ich sie kaum lesen konnte. Er hatte so viele schreckliche Geschichten zu erzählen, dass ich glaube, es hat ihn gerettet, sie nie für sich zu behalten und schweigend darunter zu leiden.

Er malte auch sehr gern, vor allem U-Boote und Schiffe, und er saß oft stundenlang neben Alison, während beide malten. Er ermutigte sie dazu, und dann saßen beide vor einem Blatt Papier und zeichneten. Sie standen sich sehr nahe und waren sich wirklich verbunden.

Alison liebte Hunde und wünschte sich immer einen eigenen Hund, doch unser Lebensstil ließ kein Haustier zu. Sie wollte am liebsten einen kleinen weißen Hund. Daher brachte ihr Großvater ihr von der Küste oder anderen Orten, die er besuchte, Schmuck oder Spielsachen mit, auf denen immer ein kleiner weißer West Highland Terrier abgebildet war.

Im Alter von 78 Jahren stellten die Ärzte Krebs bei ihm fest und meinten, dies könnte auf den radioaktiven Niederschlag, dem er vor Nagasaki ausgesetzt gewesen war, zurückzuführen sein. Er kämpfte vier Jahre gegen die Krankheit an. Meine Schwiegermutter Joyce und ich pflegten ihn, als er im Sterben lag. Als er zu Hause im Bett lag, war er nur noch halb so groß wie der Mann, der er früher gewesen war, und durch die Chemotherapie waren ihm die Haare ausgefallen. Sogar dann noch versuchte er, für uns zu sorgen. Er sagte seiner Frau, wie sein Begräbnis gestaltet werden sollte und dass sie hinterher mit uns allen in Urlaub fahren sollte.

Als es mit ihm zu Ende ging und er im Bett lag, kehrte er in Gedanken in die Lager der Kriegsgefangenen zurück, und ich sah mehrmals, wie er langsam die Hände hob, sie faltete und den Kopf damit bedeckte, so wie die japanischen Lagerwärter es den Kriegsgefangenen befohlen hatten, während sie stundenlang in der heißen Sonne saßen. Ich sagte ihm: »Es ist alles in Ordnung, Vater, du bist nicht mehr im Gefangenenlager, du bist zu Hause.« Dann nahm er die Hände herunter, aber nach kurzer Zeit tat er es wieder. Kurz bevor er starb, versuchte er, mir etwas mitzuteilen, aber ich konnte ihn nicht verstehen, und danach schlief er ein. Ich hatte deswegen starke Schuldgefühle, nachdem er gestorben war, weil er mich vielleicht gebeten hatte, seine Frau zu rufen, die oben geschlafen hatte. Er war das erste Mitglied unserer Familie, das wir verloren hatten, und wir – vor allem Alison – trauerten zutiefst.

Bei seiner Beerdigung marschierte die Royal Naval Association auf, und auf seinen Sarg wurde eine Fahne gelegt. Keiner von uns hatte gewusst, wie beliebt er dort gewesen war und dass er von den Mitgliedern der Association wie ein König verehrt wurde.

In den Tagen nach seinem Tod fand ich unter seinen Sachen in der Garage ein halbfertiges Gemälde eines West Highland White Terriers, der einen Pantoffel im Maul hatte. An diesem Bild für Alison hatte er gearbeitet.

Genau einen Monat nach seinem Ableben saßen wir alle an einem trüben, kalten Tag im Wohnzimmer und schauten fern, als Alison aufstand und zur Haustür ging. Sie kam verwirrt zurück und sagte, draußen würde ein kleiner weißer Hund sitzen. Wir gingen vors Haus und streichelten die Hündin. Sie schien überglücklich, als sie uns erblickte. Wir dachten, ihr Besitzer würde sie sicher schon vermissen, und verscheuchten sie. Später sah Alison aus dem Fenster und sagte, dass der Hund immer noch auf unserer Auffahrt hocke. Wieder gingen wir nach draußen und streichelten sie. Dann liefen wir mit ihr die Straße auf und ab und suchten nach ihrem Besitzer, aber da war niemand. Wir riefen die Polizei und das örtliche Tierheim an, doch niemand hatte einen Hund als vermisst gemeldet. Draußen war es sehr ungemütlich, und so holten wir sie über Nacht ins Haus.

Eine Woche verging, dann ein Monat, und langsam gewannen wir die Hündin lieb. Wir nannten sie Sandie, erstens weil sie auf dem Rücken einen sandfarbenen Streifen hatte und zweitens weil sie auf unserer Türschwelle aufgetaucht war, als wir uns gerade Grease im Fernsehen angesehen hatten, in dem (natürlich) Olivia Newton John die Rolle der Sandie spielte. Nach drei Monaten erhielten wir ein Schreiben der Polizei, in dem stand, dass wir sie gesetzlich übernehmen könnten, wenn wir es wollten, und auch wenn ich mir nie einen Hund zulegen wollte, weil er zusätzliche Arbeit bedeutet, sagte ich sofort ja.

Laut dem Tierarzt war Sandie zwei bis vier Jahre alt und für ihre Rasse sehr klein. Sie war der süßeste Hund, den man sich vorstellen kann, und so intelligent, dass sie mitunter fast wie ein Mensch zu denken schien. Als ich einmal im Garten ihre Hinterlassenschaften aufsammelte, sagte ich seufzend zu ihr: »Ich wünschte, du würdest hinten im Garten dein Geschäft machen ...« Von diesem Tag an tat sie genau das! Es war, als hätte sie mich verstanden.

Sie offenbarte auch noch andere unheimliche Erkenntnisse. Ich war mit einer Frau, die ich bei der Geburt meiner Tochter Louise im Krankenhaus kennengelernt hatte, gut befreundet. Ihr Sohn Michael und Alison waren als Kinder enge Freunde. Michael war zwei Jahre älter als sie und schob immer ihren Kinderwagen, wenn sie miteinander spielten. Als Teenager war er ihr Seelengefährte. Er besuchte uns an einem Sonntag, kurz bevor er an die Uni ging. Michael war kein Hundefan, auch wenn Sandie ihn gernhatte. Doch an diesem Sonntag benahm sie sich seltsam. Sie klammerte sich regelrecht an ihn, setzte sich sogar auf seine Füße und wollte nicht, dass er sich von der Stelle rührte. So was hatte sie – außer bei meiner Schwiegermutter – noch nie getan. Ich frage mich, was sie damals ahnte, denn nur ein paar Tage später starb er im Krankenhaus an einer Hirnblutung, die niemand hatte voraussehen können. Er hatte sich nicht krank oder elend gefühlt, aber es war, als hätte Sandie gewusst, dass etwas mit ihm nicht stimmte, oder eine Vorahnung gehabt und ihn trösten wollen.

Da mein Schwiegervater schon immer gewusst hatte, dass Alison sich einen kleinen weißen Hund wünschte, und da Sandie so schnell nach seinem Tod auftauchte, fragte ich mich, ob er uns womöglich den Hund geschickt hatte, um uns zu helfen, über den schmerzhaften Verlust hinwegzu-

kommen. Es wäre typisch für ihn gewesen, einen Weg zu finden, wie er Alisons Trauer lindern konnte. Allmählich merkte ich, dass der West Highland Terrier ziemlich viele Eigenschaften dieses wunderbaren Mannes in sich vereinte. Beispielsweise liebte Sandie meine Schwiegermutter und suchte ihre Nähe. Der Hund setzte sich zu ihren Füßen, wenn sie zu Besuch kam, und wich nicht von ihrer Seite. Auch wollte Sandie immer das Auto lenken. Mein Schwiegervater mochte es nicht, sich von mir oder sonst jemandem chauffieren zu lassen, wenn er selber oder mein Mann fahren konnte, und das erste Mal, als ich Sandie mitnahm und auf den Beifahrersitz setzte, kletterte sie sofort auf meinen Schoß und legte die Pfoten aufs Lenkrad, als wollte sie sagen: »So, jetzt geht's los und ich fahre!« Ich schob sie weg, doch sie kroch gleich wieder auf meinen Schoß. Am Ende musste ich einen Hundegurt kaufen, um sie auf dem Beifahrersitz zu halten, damit ich ungestört Auto fahren konnte. Wenn wir von der Hauptstraße abfuhren und schon fast zu Hause waren, gab ich immer nach und ließ sie den Wagen nach Hause »lenken«. Wenn wir in der Auffahrt parkten und ich die Handbremse anzog, drehte sie sich dann um und gab mir ein Küsschen auf die Nase. Mein Mann hatte diese Probleme nicht – wenn er am Lenkrad saß, blieb sie auf dem Beifahrersitz sitzen, genauso wie es mein Schwiegervater auch getan hatte.

Am ersten Feiertag nach seinem Tod saß die Familie nach dem Mittagessen herum und faulenzte. Plötzlich sah ich, wie ein Foto, das in einem Spiegelrahmen steckte, heraussprang und ungefähr dreißig Zentimeter weiter auf dem Couchtisch landete. Die Fenster waren alle zu, und selbst wenn ein plötzlicher Luftzug entstanden wäre, hätte das Foto auf den Boden fallen müssen. Sandie beobachtete die Szene. Dann sah sie mich an, als wollte sie fragen: »Hast du das auch gesehen?« Das Bild lag mit der Vorderseite nach oben auf dem Tisch; es war ein Foto von Frances, der Kusine meines Mannes. Sie war eine Lieblingsnichte meines Schwiegervaters gewesen. Offensichtlich war das ein Zeichen von ihm gewesen, mit dem er uns sagen wollte, dass er bei uns war.

Wir hatten Sandie fünf Jahre lang. Ungefähr ein Jahr, nachdem sie bei uns eingezogen war, entwickelte sie Herzprobleme und brauchte einen Herzschrittmacher. Durch den damit verbundenen Stress bekam sie eine Hirnhautentzündung, die epileptische Anfälle auslöste. Die Veterinärfachklinik Royal Veterinary College in Potters Bar kümmerte sich hervorragend um sie. Wie uns die Tierärzte sagten, hatte Sandie etwas überlebt, woran die meisten kleinen Hunde gestorben wären. Nicht lange danach wurde bei ihr auch noch Krebs festgestellt, und sie bekam alle drei Wochen Chemotherapie. Sie war zwar nicht allzu stark, doch eine Belastung für Sandies kleinen Körper. Ich verbrachte viele Stunden damit, sie zu Hause zu pflegen. Ich hatte das Gefühl, dass sie die Verbindung zu meinem Schwiegervater war, und ich wusste auch, wie viel sie Alison bedeutete.

Ich begann, mich für Gordon Smiths Bücher zu interessieren, weil ich immer noch Schuldgefühle wegen der letzten Tage im Leben meines Schwiegervaters hatte und mich fragte, ob ich ihm nicht mehr gerecht geworden war oder etwas falsch gemacht hatte. Daher ging ich am 25. April zu einem Vortrag von Gordon im Rathaus von Broxbourne, der mit einer Signierstunde verbunden war. Es war zufällig der Geburtstag meines Schwiegervaters. An diesem Abend wurde ich in Gordons Bann gezogen und war in Hochstimmung, ohne es mir erklären zu können. Ich hätte zwar die Gelegenheit gehabt, ihn während der Signierstunde kennenzulernen, aber irgendwie war ich so sicher, ihn schon bald wiederzusehen, dass ich mein Buchexemplar nur dem Veranstalter überreichte, damit er es für mich signieren ließ, und das Gebäude verließ.

Zwei Tage später klingelte das Telefon. Es war eine Mitarbeiterin der Fernsehsendung »This Morning«. Ich war so mit Sandies Pflege beschäftigt, dass ich ganz vergessen hatte, dass der Moderator der Sendung im Februar oder März gefragt hatte, ob Zuschauer gerne an einem Reading eines Mediums teilnehmen würden. Man brauchte bloß ein Foto und ein paar Zeilen über sich einzuschicken. Normalerweise nehme ich nicht an solchen Veranstaltungen teil, aber trotzdem warf ich den Computer an, mailte ein Foto und schrieb dazu: »Ich heiße Angie und hätte gern ein Reading.« Das war alles. Und wie sich nun herausstellte, war ich ausgesucht worden, die medial Begabten kennenzulernen, die in der Sendung auftreten würden. Ich fragte die Mitarbeiterin des Fernsehprogramms nach ihnen, und sie sagte, einer von ihnen sei Gordon Smith! Es sollte wohl so sein.

Ich und eine andere Frau gingen ins Fernsehstudio. Dort erklärten uns die Produzenten, dass die medial Begabten nichts über uns wussten, noch nicht einmal unsere Namen kannten. Uns wurde sogar eine Augenbinde umgelegt, damit sie uns keine visuellen Hinweise an den Augen ablesen konnten. Wir wurden aufs Set gebracht, und ich sollte mich zu Gordon setzen, während wir gefilmt wurden. Sobald Gordon meine Hand nahm, durchströmte mich eine wohlige Wärme. Er nahm Verbindung zur Großmutter meines Mannes auf. Sie war wirklich bei uns. Dann erschienen auch alle anderen, darunter auch mein Vater, den ich erst vor kurzem verloren hatte. Es gab nichts, was man hätte anzweifeln können.

An einem Punkt sagte Gordon sogar: »Ich empfange ›Latchford‹ – ist das der Name einer Person oder eines Ortes?« Es ist mein Nachname. Alles, was er mir sagte, entsprach den Fakten und der Wahrheit. »Hier ist ein Mann mit strahlenden Augen, der ›Angie, Baby‹ singt.« Da wusste ich, es war mein Schwiegervater, der mir dieses Lied immer vorgesungen hatte. Er nannte mir durch Gordon mehrere Details, die seine Gegenwart bewiesen, und meinte dann, er wüsste, dass wir gerade eine Ferienwohnung im Ausland gekauft hätten – was er im Leben nicht für gutgeheißen hätte –, und er hielt sie für eine gute Investition, aber wir sollten unbedingt das Kleingedruckte lesen. Das war typisch er!

Schließlich sagte er, wir sollten ihn nicht als »alten Mann mit Glatze« in Erinnerung behalten, sondern so, wie er auf dem Foto war, als er mit vollem Haar und in Uniform in den Krieg zog. »Der Hund ist bei mir«, sagte er, und ich wusste gleich, dass er die kleine Mischlingshündin Bessie meinte, die so geduldig auf seine Rückkehr aus dem Krieg gewartet hatte. Ich glaube, er wusste, dass ich immer noch Schuldgefühle wegen seiner letzten Stunden hatte, und er ließ mich wissen, dass alles in Ordnung war und er jetzt glücklich war. Hinterher fühlte ich mich erleichtert und beschwingt.

Sandie blieb uns noch ein paar Monate erhalten. Sie starb kurz vor Alisons zweiundzwanzigstem Geburtstag – fast fünf Jahre auf den Tag, an dem sie auf unserer Türschwelle aufgetaucht war. Sie war noch jung, aber in diesen fünf Jahren hatte sie uns viel Trost und Freude gebracht und uns sehr geholfen, über den Verlust meines Schwiegervaters hinwegzukommen, den wir alle so sehr geliebt hatten. Ich vermisse sie immer noch sehr. Sie hat unser Leben bereichert und war eine wundervolle kleine Freundin.

Vielleicht könnte man das als eine unmittelbare Wiedergeburt ansehen: Ronald als Westie! Ich halte es jedoch für wahrscheinlicher, dass Ronald für ein paar Jahre einen kleinen Teil seines Bewusstseins in diesen vierbeinigen Zwerg projiziert hat, damit seine Familie besser über seinen Tod hinwegkommen würde und er auf diese Weise in liebevoller Verbindung mit ihnen bleiben konnte. Die Kette der Synchronizitäten ist wirklich erstaunlich – woher wusste Sandie, vor welche Tür sie sich setzen musste, wenn sie nicht von einem Geist gelenkt wurde?

Im Vergleich zum Bewusstsein ist die Persönlichkeit nur ein winziger Teil. Wenn Sie verstanden haben, dass Sie grenzenlos sind, fallen die Schranken. Dann wird alles möglich.

Und was ist mit der zweiten Art der Wiedergeburt – wenn einem Tier nicht nur der Eindruck des Bewusstseins eines anderen Menschen anhaftet, sondern es tatsächlich eine Seele ist, die in Tiergestalt auf die Erde zurückgekehrt ist? Darüber findet man nur schwer Berichte, weil so vieles von den eigenen Eindrücken des Halters abhängt. Schließlich können wir eine Katze nicht aufs Sofa setzen und in ein früheres Leben zurückversetzen! Möglicherweise erfahren wir es in diesem Leben nie. Ich weiß nicht, ob ich jemals herausfinden werde, was genau mich mit Charlie verband – vielleicht braucht man dazu mehrere Leben.

Mir gefällt jedoch die Geschichte von Angela Currie aus Glasgow, weil sie auf die Vorstellung von »Seelengruppen« hinweist. Angela kannte einen Hund, der sich so verhielt, als hätte er ein mysteriöses früheres Leben:

Ich wuchs in Broomielaw in Glasgow auf. Wir lebten in einem Wohnblock im Stadtzentrum direkt neben dem Gebäude der Clyde Port Authority. Unser Haus und das Nachbarhaus waren die einzigen bewohnten Gebäude in der Gegend. Meine Tante Alice wohnte dort mit ihrer Familie und dem Mischlingshund Whiskey, einem struppigen Hund mit langem schwarzem Bart. Er war kein hübscher Anblick und wir lachten oft über ihn, aber er war sehr gutmütig und kinderfreundlich. Er war als Welpe aus dem Tierheim gekommen und jeder in der Familie liebte ihn.

Whiskey hatte die Angewohnheit, täglich aus dem Haus zu entwischen. Er riss die Tür fast aus den Angeln, um herauszukommen. Dann rannte er die Treppe hinunter und auf die Straße. Einmal lief meine Tante hinter ihm her und sah, wie er darauf achtete, nur dann über die Straße zu laufen, wenn vor ihm ein Mensch sie überquerte. Dann trottete er um mehrere Ecken, bis er den Hauptbahnhof erreicht hatte, der nur zwei Häuserblocks von unserer Wohnung entfernt war. Er setzte sich auf den Bahnsteig, als würde er auf etwas warten, und da blieb er den ganzen Tag über. Das machte er täglich! Der Name und die Telefonnummer meiner Tante standen auf seinem Halsband, und manchmal rief tatsächlich irgendjemand an und bat sie, auf den Bahnsteig zu kommen und ihn dort abzuholen. Doch im Großen und Ganzen störte sich keiner an ihm, und die Leute ließen ihn in Ruhe auf dem Bahnsteig neben dem Kartenhäuschen liegen.

Whiskey wurde zu Hause gut gefüttert und keiner gab ihm auf dem Bahnhof Leckerchen; deswegen hatten wir keine Ahnung, warum er das tat. Er achtete noch nicht einmal auf die Reisenden oder das Bahnpersonal – der einzige Mensch, mit dem er sich anfreundete, war ein Obdachloser namens Frank. Wenn er Frank sah, freute er sich tierisch und wedelte mit dem Schwanz. Er blieb auch nicht immer nur am Hauptbahnhof: Manchmal ging er um die Ecke auf die Queen Street und wartete dort. Vielleicht mochte er einfach Züge!

Als wir eines Tages die Lokalzeitung The Sunday Post aufschlugen, blickten wir auf ein Foto des alten Whiskey unter der Schlagzeile »Der Bahnhofshund«. Es war ein Bericht über den »mysteriösen« Hund, der immer auf dem Hauptbahnhof saß und wartete. Wartete er etwa auf sein Herrchen, das mit dem Zug aus Edinburgh kam, spekulierte der Reporter, oder war er womöglich ein wiedergeborener Eisenbahnwärter? Die Leute nannten ihn einen modernen Greyfriars Bobby. »Die einsame Wache des Bahnhofshunds«! Wir lachten Tränen – was für ein Unsinn!

Ich war damals noch ein kleines Mädchen, aber wir fanden es alle zum Schreien komisch. Ich weiß nicht, warum

Whiskey immer zum Bahnhof trottete, doch er tat es bei Regen, Wind und Schnee bis kurz vor seinem Tod, als er ein alter Hund war, und meine Tante musste ihn immer an die Leine nehmen, damit er nicht losrannte, um die Züge im Auge zu behalten.

Wartete der alte Whiskey auf seinen früheren Besitzer? Kann schon sein. Vielleicht mochte er auch einfach Züge. Oder aber er suchte nach jemandem, der zu seiner Seelengruppe gehörte, war aber noch nicht erleuchtet genug, um denjenigen zu erkennen.

Es liegt in der Natur der Reinkarnation, dass sich das Bewusstsein mit jedem physikalischen Leben verfeinert und weiterentwickelt. Alles Leben auf diesem Planeten hat ein Bewusstsein, und alles Leben durchläuft eine Reise – vom Beginn seiner letzten Wiedergeburt bis hin zu seinem sogenannten Tod. Wir alle müssen aus unseren Erfahrungen lernen und an ihnen spirituell wachsen. Wenn unser geliebtes Haustier eine emotionale Erfahrung macht – ob gut oder schlecht –, lernt es hoffentlich etwas daraus. Wenn es eine liebevolle Beziehung zu einem Menschen erfährt, entsteht eine Verbundenheit, die beide in diesem Leben und darüber hinaus verbindet. Und hier kommen Seelengruppen ins Spiel.

Millionen Menschen auf dieser Welt glauben, dass wir viele Leben durchleben, in denen wir mit bestimmten Seelen verbunden sind, mit denen wir durch unsere Leben reisen und deren Wege wir immer wieder kreuzen. Und es macht keinen Unterschied, welche physikalische Gestalt diese Seelen in einem Leben annehmen – ob Mönch, Schäferhund oder Dressurpferd.

Eine Seelengruppe verbindet ein eigener Zweck, der sie größer als jeden Einzelnen von ihr macht. Der ultimative Zweck jeder Seelengruppe ist, dass die Mitglieder einander emotionale Dinge lehren, um die gesamte Gruppe weiterzuentwickeln und auf eine höhere geistige Ebene anzuheben. Es ist egal, ob Sie das, was Sie lernen müssen, von einem Tier oder einem anderen Menschen lernen – solange Sie es annehmen und verstehen, erreicht jeder in Ihrer Seelengruppe eine höhere Weisheitsebene, und jede Lehre führt zu Klarheit.

Tiere wie Charlie kommen auf eine Weise in unser Leben, die einen tiefen Einfluss auf uns hat, da sie uns etwas Wahres beibringen und unserer emotionalen Seelengruppe angehören. Sie sind liebevolle Begleiter, einfühlsame Lehrmeister und echte Freunde, die viele Leben mit uns teilen können.

Kapitel 11

Charlie

Circa zwei Jahre nachdem Charlie sich am Rückgrat verletzt hatte träumte ich eines Nachts einen seltsamen Traum, während ich in den USA unterwegs war. Es war einer dieser ungewöhnlichen Träume, die einem noch lange nach dem Aufwachen im Gedächtnis bleiben. Im Traum stand ich am großen Wohnzimmerfenster in unserem Haus am Rande von Glasgow, als eine riesengroße Eule durchs Fenster flog. Da sie durch die Glasscheibe hineinflog, ohne sie zu zertrümmern, dachte ich im Traum: »Das muss ein Vogel aus der geistigen Welt sein.« Lassie, die draußen im Garten unter der Kiefer stand, schaute zu. Die Eule schnappte sich Charlie, flog wieder aus dem Fenster und schwang sich mit dem Hund in die Lüfte. Auch wenn sie ihn mit den Krallen festklammerte, spürte ich, dass er unversehrt war. Lassie rührte sich nicht. Der Traum war zwar beunruhigend, machte mir jedoch keine Angst. Ich dachte: »Warum hab ich das geträumt? Was hat es zu bedeuten?«

Als ich aus den Vereinigten Staaten wieder in den schottischen Alltag zurückkehrte, dachte ich nicht mehr an den Traum. Den Hunden ging es gut und sie erfreuten sich ihres Lebens. Doch eines Tages saß ich gerade mit Dronma in unserer Küche, als sie Charlie betrachtete und sagte: »Er ist sehr müde.« Er war den ganzen Vormittag über mit Meg auf den Hügeln herumgerannt und nicht mehr der Jüngste, daher überraschte es mich nicht besonders. Doch etwas in ihrem Tonfall brachte mich dazu, mir Charlie näher anzusehen. Er entspannte sich nicht nur auf dem Boden, sondern keuchte schwer. Er hatte auch nicht so viel Wasser getrunken, wie er es sonst tat, wenn er vom Spielen nach Hause kam. »Ist alles in Ordnung mit dir, Charlie?«, fragte Dronma ihn. Im selben Moment rann etwas Blut aus seinen Nasenlöchern. Mehr brauchte ich nicht zu sehen. Wir brachten ihn zur Tierärztin, bei der er schon seit Jahren war und die ihn daher gut kannte.

Sein Zustand gefiel ihr nicht, und so behielt sie ihn über Nacht in der Tierklinik, um weitere Tests machen zu können. Am nächsten Tag fuhren Jim und ich mit dem mulmigen Gefühl, gleich das Todesurteil zu hören, zurück in die Klinik. Jim wartete mit Meg im Auto, während ich alleine hineinging. Die Tierärztin holte mich in den Behandlungsraum. Charlie lag auf der Seite auf dem Untersuchungstisch. Er wedelte noch nicht einmal mit dem Schwanz, als er mich sah. Er wirkte völlig kraftlos.

Die Tierärztin runzelte die Stirn. »Wie geht es Ihrem anderen Hund?«

»Meg geht es bestens«, sagte ich.

»Sie hat nicht erbrochen? Sie wirkt nicht erschöpft?«

»Nein, nichts dergleichen. Warum fragen Sie?«

»Es ist wirklich merkwürdig. Ich habe keine Erklärung dafür, aber wissen Sie vielleicht, ob Charlie eine große Menge an Antibabypillen gefressen hat?«

Ihre Frage verblüffte mich. »Nein. Keine Ahnung, wo er die hätte fressen können.«

»Hatten Sie vielleicht Besuch von jemandem, der Antibabypillen dabeigehabt haben könnte, oder sind Sie womöglich mit Charlie irgendwo spazieren gegangen, wo er viele Pillenpäckchen aufgestöbert haben könnte?«

Es war völlig absurd, und ich versicherte ihr, dass wir keinen Besuch gehabt hatten, und dass Charlie in letzter Zeit nur auf den Hügeln hinter unserem Dorf gewesen war, wo niemand seinen Müll ablud. In unserer Gegend hatten alle Hunde, und daher würde keiner sie irgendeiner Gefahr aussetzen. Selbst wenn jemand Rattengift ausgelegt hatte, dann hätte er es allen Nachbarn gesagt. Es gab in unserer Gegend noch nicht einmal Bauernhöfe. Was zum Teufel war nur los mit Charlie?

»Nun, er ist mit Östrogen vollgepumpt, und so einen Fall hatte ich noch nie«, fuhr die Tierärztin fort. »In dem Zustand, in dem er ist, müsste er eigentlich viele Päckchen Hormonpillen gefressen haben – und wie soll ein Hund die Pillen aus der Packung holen? Das ist meine wildeste Theorie, die aber gar keinen Sinn ergibt. Wir haben auch versucht, seinen Mageninhalt zu untersuchen, aber wir haben keine Pillenreste oder derlei finden können. Es ist also möglich, dass sein Körper selbst das Östrogen produziert.«

Das klang total abwegig – so als würde eine weibliche Seite von Charlie seine männliche Seite abtöten. Die Tierärztin war genauso ratlos wie ich.

»Ich habe wirklich noch nie einen Rüden zu Gesicht bekommen, der weibliche Hormone in dieser Menge produziert«, sagte sie. »Ich habe überall im Land herumtelefoniert und Kollegen gefragt, aber keiner von ihnen hat so etwas schon einmal gehört oder erlebt. Es ist, als hätte er eine menschliche Form der Leukämie – eine menschliche *weibliche* Form der Leukämie.«

»Kann man das irgendwie herausfinden?« Ich stellte mir alle möglichen Behandlungsformen und Heilungen vor, die Charlie bekommen könnte.

Die Tierärztin seufzte und überbrachte uns behutsam die schlechte Nachricht. »Ich könnte zwar eine Lumbalpunktion machen, aber Ihr

Hund ist schwer krank. Es gibt keine Medikamente und keine Chemotherapie, die ihm helfen können. Was für ein Krebs es auch immer ist, er breitet sich im ganzen Körper aus, und Charlie wird morgen tot sein, wenn wir jetzt nichts tun. Er hat keine Kraft mehr. Sie wollen ihn sicher nicht leiden lassen. Sie müssen mir jetzt erlauben, ihn einzuschläfern.«

Ich sah Charlie an, der zwar stark keuchte, aber regungslos dalag. Er wirkte sehr elend; der Brustkorb hob und senkte sich, sein Fell war stumpf. Die Tierärztin sagte mir, dass er die ganze Zeit über nur geschlafen hatte, obwohl er in einer Hundebox untergebracht war. Normalerweise hasste er es, eingesperrt zu sein, aber offensichtlich hatte er nicht mehr die Kraft, sich darüber aufzuregen. Vielleicht wusste er nicht einmal mehr, wo er war. Kaum vorstellbar, dass er noch am Tag davor mit Meg die Hügel hinaufgerannt war und wie ein Hase durchs Unterholz gehoppelt war! Er war nicht mehr der freche, alte Charlie, der seit Jahren zur Familie gehörte, unsere Zigarettenschachteln klaute und uns zeigte, wer der Chef war, aber die Klienten bei Readings tröstete.

Schon bevor wir an der Tierklinik angelangt waren, hatte ich gewusst, dass wir ihn möglicherweise gehen lassen mussten. Damals, als er sich am Rückgrat verletzt hatte, hatten wir dieses Dilemma schon einmal erlebt, doch diesmal war uns klar, dass es dieses Mal anders war. Es gab keine tibetanische Medizin von Dronma, die das hier heilen würde. Charlie hatte in seinem Leben eine Menge Karma auf sich genommen. Er war misshandelt und gequält worden. Er hatte gelernt, uns zu vertrauen. Er war schon oft sehr krank gewesen und war immer wieder auf die Beine gekommen. Doch das hier war etwas, von dem er sich nicht mehr erholen würde.

Jim nahm von unserem alten Freund Abschied und ging wieder nach draußen, um mit Meg im Auto zu warten. Er wollte Charlie nicht festhalten, indem er zu emotional war und den Hund dadurch erschreckte – Charlie konnte leichter einschlafen, wenn er nicht auf Jims Trauer reagieren musste.

Ich bat die Tierärztin um ein paar Minuten und bückte mich zu Charlies Ohr hinunter. Dann erzählte ich ihm davon, wie er immer in der Wohnung herumgeflitzt war, meine Zigaretten geklaut oder die ganze Schokolade aufgefressen hatte, und wie er die Wohnung in Chaos verwandelt hatte, so dass ich herumrennen und die Schäden verstecken musste, bevor Jim nach Hause kam. Es war eine Zusammenfassung des Unsinns, den Charlie in seinem Leben getrieben hatte. Er hörte zu und sah mich, ohne sich zu rühren.

Schließlich sagte ich: »Weißt du noch, Charlie, als du meine Stiefel angeknabbert hast? Das hast du gut verbergen können!« Da wurde er für eine Sekunde wieder der alte Charlie. Er sah mich mit der Andeutung seiner früheren frechen Persönlichkeit an, sein Rücken bebte und sein Schwanz wedelte – nur ganz zart und schwach, aber immerhin ein Schwanzwedeln. Seine letzte Erinnerung sollte eine fröhlich sein, und das war sie. Es war das Letzte, was er tat.

Eine Minute später sagte die Tierärztin: »Sie sind sehr gefasst.« Ich zuckte mit den Schultern und sagte: »Na ja, das muss man ja sein. Er hatte ein gutes Leben, und jetzt geht er an einen guten Ort – das weiß ich. Er hat es gut getroffen.« Dann drehte ich mich um und verließ die Tierklinik, um zum Auto zu gehen. Doch sobald ich Meg neben Jim auf dem Vordersitz erblickte, die die Ohren aufstellte, weil sie auf Charlie wartete, flennte ich wie ein kleines Kind. Da erinnerte ich mich plötzlich an den Traum mit der Eule und an etwas, was Dronma mir gesagt hatte, nämlich dass in der Mythologie der Indianer Eulen ein Todessymbol und häufig ein schlechtes Omen sind. Als ich aus dem Traum aufgewacht war, hatte ich es noch nicht geahnt, doch wieder einmal hatte Lassie mir eine frühe Warnung geschickt: Charlie würde von uns gehen, aber es würde alles gut sein.

Ungefähr drei Wochen nach Charlies Tod träumte ich, dass er wieder bei uns war. Es fühlte sich völlig real an. Im Traum war er ganz der Alte und nur einen oder zwei Meter von mir entfernt. Ich wollte ihn mehr als alles andere zurückhaben – die letzten Wochen waren sehr schwer gewesen. Jim vermisste ihn. Meg vermisste ihn auch und suchte ihn mit gesenktem Kopf überall im Haus und Garten. Sie waren tolle Gefährten gewesen – ein echtes Team.

Und auch ich vermisste ihn. Er war so lange Teil unseres Lebens gewesen.

Im Traum streckte ich die Hand nach ihm aus und versuchte, ihn zu rufen, damit er zu mir kommen würde und ich ihn streicheln und am Bauch kitzeln konnte. Doch dann tauchte ein aufgebracht summender Wespenschwarm zwischen mir und dem Hund auf. Ich kam einfach nicht an den Hund heran.

Beim Aufwachen rätselte ich über die Bedeutung des Traums. Am selben Vormittag rief Dronma mich an. »Hast du die Wespen bekommen?«, fragte sie.

»Die Wespen? Woher weißt du das mit den Wespen?«

»Ach ja, gut«, sagte sie. »Wir haben jetzt die dritte Woche von Charlies Bardo – du weißt doch, so nennen die tibetanischen Buddhisten den Übergangszustand zwischen Leben und Tod. In dieser Zeit vermissen die Hinterbliebenen die Verstorbenen am allermeisten, und mir war klar, dass du dich nach ihm sehnst. Deshalb habe ich dir die Wespen geschickt, um dich zu warnen. Er wird ein reineres Licht erreichen, wenn du ihn gehen lässt.«

Ein paar Monate nach Charlies Tod ging ich noch einmal zu dem Haus zurück, aus dem ich gerade ausgezogen war. Es waren noch ein paar Sachen dort, aber nichts, was ich nach London mitnehmen konnte – ein paar Fotos, ein Sessel. Ich war todmüde – der Umzug war sehr stressig gewesen und mir schwirrte der Kopf. Schottland, in dem ich mein ganzes Leben verbracht hatte, zu verlassen fühlte sich seltsam an. Ich setzte mich in den Sessel und schaute gedankenverloren auf den See.

Und dann hörte ich Charlie durchs Zimmer gehen. Seine Krallen klackten auf den Holzdielen und ich spürte, wie er den Kopf an meine Handfläche presste. Ich hatte ein Abnabeln vollführt, was im Grunde bedeutet, das Tier loszulassen und sein Bewusstsein zu ermutigen, in ein höheres Reich einzugehen, statt es an seinen Menschen oder die irdische Ebene zu fesseln. Aber jetzt war er hier; er war zurückgekommen, um mich zu besuchen. Im Geist hörte ich mich sagen: »Okay, Charlie, ich bin gekommen, um dich zu holen und mit nach Hause zu nehmen«, und dann sah ich auf in der Erwartung, ihn zu sehen, aber er war nicht da. Ich ging ins nächste Zimmer und dort lag ein Foto auf dem Boden, auf dem er mit stolzer Miene dasaß. Hatten wir etwa vergessen, es einzupacken? Ich hob es auf und nahm es mit nach London. Ich berichtete Jim von meinem erstaunlichen Erlebnis. Es war das erste Mal seit Charlies Tod, dass ich seinen Geist fast greifbar gespürt hatte, und ich hatte auch seine innere Ruhe gefühlt, seine himmlische Ruhe.

Später zogen wir innerhalb von London um, und im Dezember hatte ich einen Maler da, der die Wände unserer neuen Wohnung fertig strich, bevor Jims Schwestern Marie und Elaine uns über Weihnachten besuchten. Ich rannte in der Wohnung umher und versuchte, Ordnung zu schaffen, als der Handwerker mit verwirrter Miene in die Küche kam. Er hatte viel mit Meg gespielt, und sie lag da, sah ihm beim Streichen zu und fragte sich, wann er eine Pause machen und den Ball für sie werfen würde. Ich fragte ihn, ob er eine Tasse Tee wolle oder ob ich ihm irgendwie helfen könne.

»Haben Sie zwei von diesen Hunden?«, wollte er wissen.

»Nein, nur den einen.«

Er wurde sichtlich blasser. »Sagen Sie das bitte nicht! Das macht mir Angst!« Er wusste nicht, dass ich ein Medium bin.

»Na ja, wir *hatten* mal einen zweiten Hund.«

»Nicht doch!«, sagte er. »Sagen Sie lieber nichts mehr! In dem Zimmer waren zwei Hunde – der kleine, der auf dem Boden liegt, und noch ein zweiter, der neben ihm saß. Es war irgendwie rührend. Oje, das ist ja richtig unheimlich!«

Der arme Mann war ganz fertig. Mir war klar, dass es Charlie gewesen sein musste, der vorbeikam, um zu sehen, wer im Haus war. Na, wenigstens hatte er nicht die Malerpinsel stibitzt!

Ich hatte so viel zu tun, dass ich nicht wirklich über das Ereignis nachdachte, bis Marie und Elaine am nächsten Tag eintrafen. Meg begrüßte die beiden so begeistert wie immer. Doch als wir am Abend alle zusammensaßen, etwas tranken und uns unterhielten, tat sie etwas Seltsames. Charlie hatte Jims Schwestern immer sein Kunststück vorgeführt. Dafür lag er auf dem Rücken, seinen Ball im Maul, und warf ihn in die Luft. Dann sprang er auf, setzte sich hin und fing den Ball aus der Luft. Meg hatte immer versucht, ihm das Kunststück nachzumachen, aber sie hatte es nie geschafft – entweder setzte sie sich nicht rechtzeitig auf oder der Ball flog in eine andere Richtung. An diesem Abend lieferte sie eine perfekte Vorführung des Kunststücks, und wir klatschten alle Beifall. Seitdem hat sie es nie mehr gemacht.

Während sich Marie für die Nacht fertig machte, sagte sie: »Oh, es kam mir gerade so vor, als würde ein Hund an mir vorbeirennen. Meg ist in die eine Richtung gelaufen und der andere Hund in die entgegengesetzte Richtung. Merkwürdig!«

Sie glaubt zwar nicht an Geister, aber sie war sich ganz sicher, das gespürt zu haben. Als ich sagte, dass es wohl Charlie gewesen sei, gab sie mir recht. »Er ist also über die Feiertage hier, oder?«

Vielleicht war er zurückgekommen, um die Pralinen unter dem Christbaum näher zu begutachten. Doch dann fiel mir wieder ein, dass er am 23. Dezember vor zwei Jahren gestorben war.

Von Zeit zu Zeit halte ich eine Trancesession, in der ich Verbindung zu einem meiner Geistführer aufnehme und durch mich sprechen lasse. Wir hatten einmal einen jungen Schüler, der in seiner sensitiven Entwicklung nicht weiterkam und um Rat bat. Dominica erschien und gab ihm Antworten auf seine Fragen. Ich habe Dominica schon in *Spirit Messenger* erwähnt. Sie war eine Französin, die im fünfzehnten Jahrhundert in einem Kloster in San Sebastian im Baskenland gelebt hat. Sie erscheint, um uns Menschen zu lehren, doch nur, wenn sie ihrer Meinung nach wirklich gebraucht wird

Während Dominica durch mich sprach, wurde Meg ganz aufgeregt und unruhig. Dann streckte sich mein Arm von alleine seitlich aus und ich nahm bewusst wahr, dass Dominica mit Meg auf einer anderen Ebene kommunizierte. Ich machte eine leichte Bewegung mit der Hand, und Meg saß still da; sie konnte sich nicht rühren, obwohl ihre Beine regelrecht zitterten, weil sie das Bedürfnis spürte, umherzurennen. Der junge Mann traute seinen Augen nicht – es war beinahe so, als hätte sich vor Meg ein Energiefeld aufgetan. Dann begannen meine Finger zu kreisen und Meg lief kreisförmig zu ihrem Bettchen und legte sich hin. Wie der Schüler mir später sagte, hatte er sich gefragt, ob es richtig gewesen war, sie auf diese Weise unter Kontrolle zu bringen.

Dominicas Antwort kam prompt: »Mach dir keine Sorgen. Ich habe Mr. Dog bei mir« – sie nannte Charlie immer »Mr. Dog« und Meg »Mrs. Dog« – »Ich habe Mr. Dog zu ihr geschickt, damit er sich zu ihr setzt und ihr Gesellschaft leistet.«

Es hätte von der Trance abgelenkt, wenn Meg nicht zur Ruhe gekommen wäre. So hatte Dominica eine Lösung gefunden, Meg in dieser Zeit zufriedenzustellen.

Von diesem Moment an saß Meg friedlich da, und am Ende der Sitzung stand sie auf und wartete auf Abstand, bis sich das Geistwesen wieder von mir entfernt hatte. Gleich danach sprang sie auf meinen Schoß und fing an, mir das Gesicht abzulecken.

Wir halten nicht an Charlie fest, wenn er durch unsere Wohnung läuft oder vorbeikommt, um Meg Gesellschaft zu leisten. Unsere Liebe zu ihm ist einfach noch ein Band, das nicht zerreißt. Ich würde ihn niemals zurückrufen, aber er will möglicherweise auf die Erde zurückkehren. In der geistigen Welt herrschen andere Gesetze als hier, und Geistwesen können zurückkommen, wenn sie es möchten. Charlie kommt immer dann, wenn ich gestresst bin. Als treuer Freund merkt er, was mit mir los ist, und kommt vorbei, weil er es kann. Und ich weiß, dass er immer in uns bleiben wird, unabhängig von der Ebene der Verfeinerung seines Bewusstseins, die er erreichen wird. Er wird für immer unser Charlie sein. Man kann nicht so tief lieben und so viel lernen, ohne dass es für immer wäre.

Kapitel 12

Seelengefährten

Manche Tiere kommen mit einem äußerst feinen Bewusstsein auf die Welt, auch wenn Tiere es begrenzter als Menschen zum Ausdruck bringen können.

Das sind die Tiere, die uns auffallen durch die Dinge, die sie tun – wie Charlie und sein Verständnis für den Meditationskreis, oder Timone, die jemandem in Not half, oder der »Sozialarbeiter« Patch, der immer Besuchsrunden bei seinen alten zweibeinigen Freunden machte –, die uns dazu bringen zu denken: »Wow, das ist ein außerordentlich intelligentes Tier! Es ist ja schon fast wie ein Mensch.« Das stimmt nicht wirklich: Intelligenz ist etwas ganz anderes. In Wahrheit ist es ein Tier mit einem hochentwickelten Bewusstsein und Mitgefühl.

Wenn wir ein solches geliebtes Haustier haben, entwickeln wir besonders starke Gefühle. Wie viele Tierhalter in diesem Buch haben geschrieben: »Es war kein normaler Hund, keine gewöhnliche Katze, kein normales Pferd – einem Tier wie diesem bin ich noch nie begegnet«? Wenn man einem Tier so nahe ist, geschieht Magisches, und es ist auch die Stärke dieser Verbindung, die Außergewöhnliches geschehen lässt – die Telepathie, die Botschaften aus der geistigen Welt.

Ist es wirklich lächerlich, zu glauben, ein Mensch und ein Tier könnten eine so starke Verbundenheit haben, dass sie wie Seelengefährten aufeinander reagieren? Wenn man an die vielen Leute denkt, denen man im Leben begegnet, und daran, wie wenige von ihnen hervorstechen und wirklich gute Freunde fürs Leben werden, dann kann man erkennen, wie einzigartig so eine Verbindung wirklich ist. Die »Besitzer«, die in diesem Buch zur Sprache kommen, haben diese Verbundenheit mit ihren einzigartigen Tieren erlebt, die sicherlich zu ihrer Seelengruppe gehören.

Ich glaube nicht, dass Charlie seinem Züchter oder seinen früheren Besitzern – oder sogar der Frau, die ihn gerettet hat – jemals so viel bedeutet hätte, wie er mir und Jim bedeutete. Alle Abenteuer, alles Gelernte, alle Todesängste wegen seiner Krankheiten und Verletzungen, alle Momente, in denen er uns zum Lachen oder zum Nachdenken über unsere eigenen Annahmen und Verhaltensweisen brachte – sie alle warteten nur auf den richtigen Menschen.

Es gibt eine Erzählung über einen Brahmanen namens Kukku Ripa, der vor einigen Jahrhunderten in Indien lebte. Er reiste allein, da er sich von der Welt abgekehrt hatte, und lebte von den Spendengaben, die ihm die Bewohner der Dörfer, durch die er wanderte, in seine Bettelschüssel legten. Auf seinem Weg zum nächsten Ort hörte er eines Tages ein Geräusch am Straßenrand. Als er an die Stelle ging, um nachzusehen, entdeckte er eine junge Hündin, die am Verhungern war. Er brachte es nicht übers Herz, sie zurückzulassen, und so trug er sie und teilte sein Essen so lange mit ihr, bis sie wieder genug zu Kräften gekommen war und neben ihm herlaufen konnte.

Nach langen Reisen mit seiner vierbeinigen Begleiterin erreichte Kukku Ripa die Höhlen von Lumbini in Nepal, wo er bleiben und auf dem Weg zur Erleuchtung meditieren wollte. Zwölf Jahre lang wiederholte er dort sein Mantra. Er verließ die Höhle nur, um Lebensmittel für sich und den Hund zu holen, der den Höhleneingang bewachte, bis sein Herrchen zurückkehrte.

Die Götter der 33 sinnlichen Himmel erkannten, was er auf Erden erreicht hatte und wie nahe er der göttlichen Einsicht gekommen war, und so luden sie ihn in ihr Paradies ein, um dort mit ihnen zu feiern. Kukku Ripa stieg zu ihnen auf und fand einen verzauberten Ort voller Essgelage und Luxus vor.

Die Hündin wartete auf der Erde auf ihn, und obwohl sich Kukku Ripa in seiner neuen himmlischen Existenz fast gänzlich verlor, konnte er sie nicht vergessen. In Wahrheit vermisste er sie sogar und konnte sehen, dass sie sich nach ihm sehnte. Und so flehte er die Götter an, ihn zu ihr zurückkehren zu lassen. Erstaunt stimmten sie schließlich zu.

Als Kukku Ripa wieder am Eingang der Höhle ankam, freute sich die Hündin tierisch, und als er sich zu ihr herunterbeugte, um ihr Kinn zu kraulen, verschwand sie plötzlich, und statt ihrer stand eine wunderschöne *Dakini* – eine Göttin – vor ihm. Sie sagte Kukku Ripa, dadurch, dass er den Versuchungen der 33 Himmel getrotzt habe und zu seiner treuen Freundin zurückgekommen sei, habe er gezeigt, dass er der höchsten Erlösung würdig sei.

Letztendlich reichte es nicht, nur ein guter Brahmane zu sein, und wie Kukku Ripa herausfand, wurde er erst dann wirklich gesegnet, als er einem anderen in Not seine Hilfe anbot – egal, ob es sich um einen Hund, eine Kuh oder einen anderen Menschen handelte. Indem dieser Mann Liebe zu diesem Tier entwickelte, erfuhr er Erleuchtung – er wurde zu einem mitfühlenden, liebevollen Individuum statt zu einem asketischen Heiligen.

Wir alle können uns entweder als Individuen ansehen, oder wir können uns bewusstmachen, dass wir Teil eines größeren Bewusstseins sind, und uns um bedingungslose Liebe gegenüber allen Lebewesen bemühen.

Wenn die Geschichten von Carole und der Yorkshirehündin Sassy, Philippa und Boyzie oder die Art und Weise, wie sich Zizikos an Eleni wandte, als er in Not geriet, Sie berührt haben, dann wissen Sie schon, wovon ich spreche, und dann sind Sie schon auf dem Weg zum Verständnis, dass wir alle diese Verbundenheit in unserem Leben finden können.

Die Essenz der Liebe, dieses Gefühls der Verbundenheit, die unser Leben wie ein roter Faden durchzieht, ist das, was unserem Leben Sinn gibt. Unabhängig davon, wen wir in diesem Leben lieben – ob Mensch oder Tier –, die Tatsache, dass wir ein anderes Lebewesen geliebt haben, erweitert uns und gewährt uns einen höheren Blickwinkel. Wenn wir es zulassen, können alle Tiere unser Herz berühren.

Über den Autor

Gordon Smith wird als »das beste Medium des Vereinigten Königreichs« gefeiert. Er ist für seine erstaunliche Fähigkeit berühmt, genaue Namen von Personen, Orten und selbst Straßen, die im Leben eines Menschen eine Rolle gespielt haben, benennen zu können.

Seit seiner frühen Kindheit besitzt Gordon die Gabe, Geistwesen zu sehen, zu hören und zu fühlen. Mit vierundzwanzig begann er, die mediale Arbeit zu studieren und zu praktizieren. Er entwickelte seine Fähigkeiten als Medium – oder auch Bote der geistigen Welt – unter der Anleitung einiger der größten Legenden der spiritistischen Kirche.

Heute ist Gordon ein Bestsellerautor und gehört zu den weltweit Besten unter den medial Begabten und spirituellen Lehrmeistern. Er veranstaltet auf der ganzen Welt Workshops für medial Begabte und Events. Sein keltischer Charme und seine lebendigen Vorführungen in seinem ganz eigenen Stil – einer Mischung aus Humor, Leidenschaft und Einfühlungsvermögen – gewähren seinen Zuschauern die seltene Gelegenheit, die faszinierende Arbeit eines Mediums live mitzuerleben.

www.gordonsmithmedium.com

	Gordon Smith **Medium sein** **DER INTENSIVKURS** Ein Intensivkurs für mediale Menschen, die auf diesem Gebiet Meisterschaft erreichen wollen. 240 Seiten € 19,90 ISBN 978-3-946959-58-8
	Gordon Smith **Das Medium in dir und wie du es erweckst** Mediale Menschen, die "Botschaften aus dem Jenseits" übermitteln, gibt es nicht wenige. Doch wie können wir entscheiden, was echt und wahr ist – und was Fantasie, Wunschvorstellung oder ausgedachtes Drama? 216 Seiten € 19,90 ISBN 978-3-946959-53-3

Marta Williams

Ohne Worte

Mit Tieren und Natur sprechen

Ohne Worte zeigt praktisch, wie wir die Sprache des Lebens - der Tiere, der Pflanzen, des Windes - wieder verstehen und sprechen lernen, wie wir die Begrenzungen unserer fünf Sinne überwinden, wie wir uns für die Welt jenseits der Worte neu öffnen.

200 Seiten € 18,50

ISBN 978-3-926388-80-3

Mike Lingenfelter& David Frei

Der Engel an meiner Seite

Die wahre Geschichte von Hund Cody, der sein Herrchen von Herzattacken warnt und die eines Menschen, der Cody rettete.

200 Seiten € 18.50

ISBN 978-3-926388-95-7

Verena Wymann

Gespräche mit Wildtieren

Telepathische Interviews

Die Botschaften der Wildtiere durch ihre ungeschönte und zugleich mitfühlende Klarheit aus, mit der sie die heutigen Probleme von uns Menschen, unserer Umwelt und unseres Planeten benennen.

176 Seiten € 16.95

ISBN 978-3-941435-07-0